내가 죽지 않았는데도 사람들이 죽었다고 착각하면 결국 무덤에서 죽게 되나요? (라이아) · 죽은 사람에게도 심장이 있나요? (아일린) · 우리는 죽는 걸 좋아하나요? (사라) · 얼어서 죽는 것과 물에 빠져서 죽는 것과 불에 타서 죽는 것 중에 뭘 더 좋아해요? (이레네) · 죽으면 우리는 어디로 가나요? (익명) · 이미 죽은 사람한테 기계를 연결해서 계속 숨 쉬게 하는 건 이기적이라고 생각하지 않나요? (마테오) · 죽은 후에도 감정을 느낄 수 있어요? (로레나) · **인간도 언젠가 멸종할까요? (라우라)** · 악마는 존재하나요? (익명) · 죽으면 친구들이 그리워지나요? (시라) · **돌아가신 할아버지도 감정을 느끼나요? (미레이아)** · 잘잘 때는 살아 있는 거예요, 죽은 거예요? (페데) · 죽으면 해골이 되나요? 무서워요! (사라) · 우리가 죽고 나서도 세상이 계속된다면 우리는 죽은 후에 무엇을 하나요? (가엘) · 업보라는 게 있나요? (익명) · 죽고 나면 사랑하는 사람들이 그리워지나요? (로레나) · 죽은 사람은 어디로 가요? (이안) · 말하면서 죽을 수 있어요? (나브로오카우) · 해골에는 왜 심장이 없어요? (로시오) · 유령이 되는 건 멋진 일인가요? (자그비리) · **사랑하는 사람이 죽으면 얼마나 오랫동안 슬픈가요? (로레나)** · 우리는 왜 죽어야 하나요? (익명) · 죽고 나서도 피자를 좋아할까요? (티시아노) · 죽은 사람은 왜 죽었어요? (아멜리아) · 지옥에서는 전부 불에 타나요? (크리스토발) · 죽으면 입을 못 열어서 아무것도 못 먹어요? (누리아) · 해골이 죽었다는 건 어떻게 알 수 있어요? (올리비아) · 죽으면 누가 맞이해 주나요? (익명) · 영혼은 어떻게 살아요? (미아) · 무덤에 가면 무섭나요? (아프리카) · 죽으면 숨을 못 쉬나요? (에스테반) · 유령은 물건을 옮길 수 있어요? (카이) · 자다가 죽으면 내가 죽었다는 걸 어떻게 확인해요? (익명) · 왜 죽어서 해골이 되면 음식을 먹을 수 없어요? (켄드라) · 죽고 나서도 달을 볼 수 있어요? (파울라) · 죽고 나서도 사탕을 먹을 수 있어요? (미리) · 하늘에서 죽을 수 있어요? (익명) · 죽고 나면 흙이 눈에 들어가나요? (키오와) · 왜 해골에는 살이 없어요? (다나) · 죽은 뒤에도 피부가 있나요? (마누엘라) · 죽어도 기억은 남아 있나요? (막스) · 언제 죽을지 알 수 있어요? (가엘) · 철학자도 죽어요? (란비르) · 죽으면 동물로 변할 수 있어요? (익명) · 해골은 흙에서도 살아남을까요? (에마) · 죽은 영혼을 볼 수 있어요? (소피아) · **사람은 어떻게 죽나요? (레오, 티나)** · 죽고 나서 친구들을 생각하나요? (유세프) · 죽고 나서도 가족과 이야기할 수 있어요? (코아드) · 눈이 뽑힌 채로 죽으면 그 눈은 계속 살아 있나요? (익명) · 죽은 친구를 사귈 수 있어요? (미아) · 죽는 건 흥미로운가요? (레온, 리나) · 죽는 건 중요한가요? (가브리엘라) · 죽으면 천국에 있는 사람들을 여전히 사랑하나요? (익명) · 죽고 나면 무슨 일이 일어날지 고민해 봤는데 아무 일도 없을 것 같다고 결론 내렸어요. 그런데 '아무 일도 없다'라는 게 뭔가요? (이아인) · 우리는 왜 죽어요? (라이얀, 엘로이, 앙헬) · 왜 죽음을 중요하게 여기나요? (아드리안) · 죽어서 아무도 날 못 보는데 그래도 학교에 가야 해요? (익명) · 죽지 않으려면 어떻게 해야 하나요? (프린시스코) · 정말 천국이 있어요? 저는 천국에 갈까요? (요한) · **우리는 언제 죽어요? (세노)** · 절대 죽지 않는다면 뭘 할 거예요? (파울라) · 몇 살까지 살고 싶어요? (파멜라) · 지옥이 뭐예요? (야르민) · 죽어서도 여전히 피자를 좋아할까요? (익명) · **언젠가 꼭 죽어야 하나요? (클라우디아)** · 우리 영혼은 날 수 있어요? (가브리엘라) · 해골한테 묻고 싶어요. 움직이면 망가지나요? (마리아 세실리아) · 죽은 후에도 삶이 있어요? (루카스) · 내가 진짜로 죽은 건가요, 아니면 그냥 몸이 제대로 움직이지 않는 건가요? (엘리아나) · 죽는 건 항상 슬픈 일인가요? (메리엔) · 삶에서 가장 중요한 게 뭐라고 생각해요? (요아나) · 지옥에서는 뭘 하나요? (야르민, 위오르네) · 죽은 사람을 불 속에 넣으면 타나요? (익명) · 죽음은 꿈인가요? (야나) · 어떻게 죽고 싶어요? (야르민) · **죽을 때 우리 몸은 한 번에 죽나요? (아리아드나)** · 천국이 정말 있어요? (엘리아나) · 죽은 사람은 다른 사람들이 자기에 관해서 이야기한다는 걸 알아요? (익명) · 토끼는 천국에 갈 수 있어요? (야나) · 죽고 나서도 생각할 수 있어요? (멘시아) · 죽고 나서 몸이 분해되는 데 얼마나 걸려요? (이아인) · 내가 죽는다는 걸 안다면 어떻게 편하게 살 수 있을까요? (익명) · 신사 숙녀 여러분, 날개가 없으면 어떻게 천국에 가나요? (시라) · 모기는 어떻게 죽어요? (클라우디아) · 홍수로 죽은 식물은 자기가 죽을 거라는 사실을 알고 있었을까요? 아팠을까요? (가엘) · 지옥에서 다시 살아난다면 어떻게 될까요? (익명) · 뱀파이어 씨, 몸에 피가 있어요? 몇 살이에요? (이사벨라) · **죽으면 생각도 사라지나요? (이사이)** · 죽음과 악마는 같은 편인가요? (익명) · '배고파서 죽겠어'라고 말할 때 정말로 죽어가는 중이에요? (세바스티안) · 사고로 죽으면 어디로 가나요? (익명) · 죽은 사람도 즐겁게 지낼 수 있어요? 어떻게 재미있는 시간을 보낼 수 있을까요? (엘레나) · 환자의 고통을 모르면서 안락사가 잘못됐다고 믿어도 괜찮을까요? (마테오) · 영원히 산다면 뭘 할 거예요? (요아나) · 밤에 죽었다가 다시 살아나는 건 아니겠죠? (익명) · **사람이 진짜로 죽었다는 걸 어떻게 알 수 있나요? (엘리아나)** · 죽은 사람이 가족을 몇 번이나 찾아갈 수 있어요? (이사벨라) · 해골한테 묻고 싶어요. 근육이 없으면 어떻게 움직일 수 있어요? (플로리) · 죽으면 어떤 일이 기억나요? (익명) · 묘비에 왜 사진을 두나요? (시라) · 죽으면 원래 몸이 그리워지나요? (유마) · 천국과 지옥이 정말로 있다면 천국에서 지옥으로 가거나 지옥에서 천국으로 갈 수 있나요? (기예르모) · 죽은 사람들의 세계에도 감정이 있나요? (아일린) · 사랑이나 웃음 때문에 죽을 수 있을까요? (익명) · 죽은 사람들의 세계에 동물이 있을까요? (소피아 엘리아나) · 뱀파이어한테 묻고 싶어요. 죽고 싶나요? (마리아 세실리아) · 죽는다면 생각할 수 있어요? (익명) · **묘비는 어떻게 만들어요? (시라)** · 해골 씨, 배고파진 적 있어요? 그럴 때는 뭘 먹어요? (이사벨라) · 우리가 천국으로 갈 때 온몸도 같이 천국으로 올라가요? (클라우디아) · 죽은 후에도 똥을 쌀 수 있어요? (익명) · 사람과 동물한테는 같은 일이 일어나는데, 꽃은 다른가요? (시라) · 어떻게 하면 완전한 행복을 얻을 수 있어요? (루스 마리) · 시신이 분해되는 데 더 오래 걸리는 곳은 무덤인가요, 봉안당인가요? (미겔 앙헬) · 천국에 가면 새로운 삶을 시작하나요? (익명) · 뱀파이어한테 묻고 싶어요. 언젠가 죽는다고 생각한 적 있어요? (마리아 세실리아) · **내가 죽으면 내 게임기는 어떻게 되나요? (가엘)** · 죽음을 두려워해야 할까요? (아드리안) · 전염병이 돌아서 병원에 입원실이나 약이 부족할 때 젊은 사람을 우선하는 게 맞을까요? (마테오) · 현실 세계에서 몸을 다치는 바람에 죽는다면 천국에서도 아픈가요? (익명) · 우리는 천국에 가요, 지옥에 가요? (우고) · 죽으면 안 보이나요? (소피아 엘리아나) · 해골 씨, 이가 빠지면 다시 나요? (이사벨라) · 말하면서 죽을 수 있어요? (익명) · 왜 죽음 이후에도 뭔가가 존재해야 하나요? (아드리안) · 우리가 죽으면 가족과 함께 갈까요? (우고) · 사람들이 내가 죽었다고 기억하는 게 나을까요, 아니면 살아 있는 나를 알아보지 못하는 게 나을까요? (아프리카) · **앞으로 사람을 되살리는 기계가 발명될까요? (누리아)** · 죽은 사람에게도 감정이 있나요? (익명) · 우리가 천국이나 지옥에 가는 게 사실인가요?

(알레한드로) · 죽기 전에 삶에서 바꾸고 싶은 게 있어요? (파멜라) · 천국에서도 계속 나이를 먹나요? 아니면 나이는 계속 똑같나요? (익명) · 해골한테 묻고 싶어요. 피부를 갖고 싶어요? (마리아 세실리아) · 고양이랑 토끼 중에 무엇으로 다시 태어나고 싶어요? (페르난다) · 언제 죽는지 안다면 무슨 일을 할 거예요? (요아나) · 죽어서 땅속에 묻히면 숨을 쉴 수 있어요? (클라우디아) · **왜 죽어야만 하나요? (파세엘, 가엘, 요한)** · 다른 사람의 삶을 살고 싶나요? (요아나) · 한 시간 뒤에 죽는다면 뭘 할 거예요? (타티아나) · 천국에는 얼마나 오래 있어요? (익명) · 해야 할 일이 남았는데 죽는다면 어떻게 하죠? (우싱가) · 동물은 귀신을 볼 수 있어요? (미겔 앙헬) · 우리가 죽을 때 괜찮을지 어떻게 알죠? (익명) · 지옥이 있나요? (프란시스코) · 내가 죽으면 사람들은 내가 뭘 했는지 기억하나요? (사라) · 왜 영원히 살지 못해요? (프란시스코) · 죽은 사람도 죽어요? 안 죽는다면 어디에 있을까요? (익명) · 기계에 배터리가 없으면 죽은 건가요? (파우스토) · 왜 사람들은 언젠가 죽나요? (소피아 엘레나) · 죽음은 살아 있어요, 죽었어요? (마리아나) · 왜 어떤 사람은 다른 사람보다 일찍 죽어요? (올모) · 몇 번이나 나쁜 짓을 해야 지옥에 가요? (익명) · 부모님이 돌아가시면 하늘에서 절 돌봐 주시나요? (알렉스) · **우리는 태어나기 전에 어디에 있었어요? 그때는 죽어 있었나요? (마야)** · 죽으면 죽음을 볼 수 있어요? (바니아) · 죽은 뒤에도 먹을 수 있나요? (소피아 엘리아나) · 죽으면 조상님을 만나요? (익명) · 죽음은 내 곁에서 날 지켜보고 있나요? (사라) · 왜 죽은 사람을 기억하고 슬퍼할 때 꽃을 바치나요? (시라) · 죽으면 영혼은 천국으로 가잖아요. 그러면 살아 있을 때 영혼은 어디에 있어요? (익명) · 지구에는 영원히 생명체가 살아갈까요? (안데르) · 사람마다 죽음을 다르게 느끼나요? (파블로) · 죽음도 죽나요? (후안, 미레이아) · **엄마 아빠가 죽으면 누가 아이들을 돌보나요? (소피아 엘리아나)** · 죽으면 뭘 할까요? (익명) · 태어난 이후로 쭉 죽음이 함께한다면 죽어도 죽음이 함께하나요? (테레) · 뱀파이어한테 묻고 싶어요. 영원히 살 수 없다면 죽음이 무서울까요? (가엘) · 죽으면 먼저 죽은 가족과 친척을 볼 수 있나요? (익명) · 죽기 전에 하고 싶은 일이 있어요? (파멜라) · 죽음이 우리를 지켜보고 있을까요? (사라) · 뱀파이어는 사람만큼 오래 기억할 수 있어요? (마리아 세실리아) · 죽은 사람은 점점 보이지 않게 되나요? (익명) · 기절하면 단번에 죽나요? (알렉스) · 죽음이 아무것도 아니라면 죽음은 뭔가요? (안데르) · 죽은 사람은 즐겁게 지낼까요? (아일린) · 우리가 되살아날 수 있을까요? (기예르모) · 뱀파이어가 되고 싶나요? (페르난다) · **사람은 몇 살까지 살 수 있어요? (마일리, 산티)** · 내가 죽으면 얼마나 오랫동안 슬플까요? 엄마가 죽으면 얼마나 오랫동안 슬플까요? (익명) · 우리는 왜 죽어요? (마르코스) · 죽는 순간 무슨 일이 일어나는지 바로 알 수 있어요? (이사벨) · 무엇에서 삶의 의미를 찾나요? (타티아나) · 유령이 있다면 어떤 모습일까요? (익명) · 영원히 살고 싶나요? (파멜라) · 왜 죽음에 관해서 이야기해야 해요? (익명) · 꿈에서 죽는 느낌을 느낄 수 있나요? 이런 느낌은 단 한 번만 느낄 수 있을까요? (이사벨) · **내가 곧 죽는다는 걸 어떻게 알 수 있어요? (엘로이)** · 태어날 때 죽을 수도 있나요? (마일리) · 죽은 사람도 볼 수 있어요? (아일린) · 죽을 예정이었던 날짜보다 일찍 죽는다면 못 끝낸 일은 어떻게 되나요? (익명) · 내 삶의 의미는 백만장자의 삶과 같을까요? (타티아나)

묻고 싶어 죽겠어요

어른들에게 묻지 못한 삶과 죽음에 관한 38가지 질문

이아인에게
에옌

클라우디아와 가엘에게
아나

¿Así es la muerte?
© Text Ellen Duthie
© Text Anna Juan Cantavella
© Illustrations Andrea Antinori
Design and the current edition in Spanish: Traje de Lobo, España, 2023
Korean translation copyright ⓒ 2025 by Mirae N Co., Ltd.
Korean translation rights arranged with AGENCIA LITERARIA CBQ SL through EYA Co.,Ltd

이 책의 한국어판 저작권은 EYA Co.,Ltd를 통해
AGENCIA LITERARIA CBQ SL 과 독점 계약한 (주)미래엔에 있습니다.
저작권법에 의하여 한국 내에서 보호를 받는 저작물이므로 무단전재 및 복제를 금합니다.

일러두기
* 지명, 인명 표기는 원어 발음에 따랐습니다.
* 원서의 형식을 반영하여 글줄의 길이를 페이지에 따라 다르게 구성하였습니다.

묻고 싶어 죽겠어요

어른들에게 묻지 못한 삶과 죽음에 관한 38가지 질문

에옌 두티에, 아나 후안 칸타베야 글
안드레아 안티노리 그림 성소희 옮김

Mirae N 아이세움

목차

언젠가 죽을 여러분에게.......... 6
1. 언젠가 꼭 죽어야 하나요?.......... 10
2. 죽으면 우리 몸은 어떻게 되나요?.......... 14
3. 죽으면 생각도 사라지나요?.......... 18
4. 죽을 때 우리 몸은 한 번에 죽나요?.......... 20
5. 사람이 진짜로 죽었다는 걸 어떻게 알 수 있나요?.......... 24
6. 사람은 어떻게 죽나요?.......... 28
7. 우리는 언제 죽어요?.......... 30
8. 사람은 몇 살까지 살 수 있어요?.......... 34
9. 왜 죽어야만 하나요?.......... 36
10. 엄마 아빠가 죽으면 누가 아이들을 돌보나요?.......... 40
11. 죽고 나면 어떻게 되나요?.......... 44
12. 죽으면 어디로 가나요?.......... 48
13. 우리는 태어나기 전에 어디에 있었어요? 그때는 죽어 있었나요?.......... 52
14. 돌아가신 할아버지도 감정을 느끼나요?.......... 54
15. 인간도 언젠가 멸종할까요?.......... 56
16. 왜 자살하나요?.......... 60
17. 왜 죽은 사람을 땅에 묻어요?.......... 64
18. 사랑하는 사람이 죽으면 얼마나 오랫동안 슬픈가요?.......... 68
19. 죽음은 불행한 일인가요?.......... 70
20. 왜 인도와 파키스탄에서는 죽은 사람에게 흰옷을 입히나요?.......... 72

21. 죽음은 어떤 모습이에요?..........76
22. 묘비는 어떻게 만들어요?..........80
23. 왜 죽은 사람을 못 보게 하나요?..........82
24. 왜 사람들은 죽음에 관해 이야기하는 걸 불편해하나요?..........84
25. 죽음보다 더 나쁜 운명이 있나요?..........86
26. 내가 죽으면 내 게임기는 어떻게 되나요?..........88
27. 내가 곧 죽는다는 걸 어떻게 알 수 있어요?..........92
28. 죽음은 무서운가요?..........96
29. 독을 먹고 죽으면 어떤 느낌인가요?..........100
30. 잠자는 동안 내가 죽었는지 아닌지 어떻게 아나요?..........102
31. 언젠가 죽는다면 삶에 무슨 의미가 있나요?..........106
32. 앞으로 사람을 되살리는 기계가 발명될까요?..........108
33. 동물이 많이 아프면 주사를 놓아서 죽이기도 하는데
     왜 사람한테는 그렇게 하지 않나요?..........112
34. 왜 어떤 사람들은 죽으면 다른 사람에게 장기를 주나요?..........114
35. 죽는 날짜가 어딘가에 적혀 있나요?..........116
36. 목을 자르면 몸이 머리 없이 뛴다는 게 정말인가요?..........120
37. 죽고 싶지 않다고 누군가에게 애원할 수 있어요?..........124
38. 왜 '즐겁게 쉬세요'가 아니라 '편히 쉬세요'라고 말하나요?..........128

이 책에 소개된 작품들..........132

언젠가 죽을 여러분에게

　이 책을 선택해 줘서 고마워. 과감히 이 책을 펼친 걸 축하해.
　죽음은 이상야릇한 주제야. 우리는 죽음에 호기심을 느끼면서도 무서워하거나 걱정하기도 해. 무척 신기한 일이야. 영화를 보다가 무서운 장면이 나오면 눈을 가리는 것과 비슷하지. 손으로 눈을 가리고, 손가락을 벌려서 잠깐 화면을 쳐다보고, 재빨리 다시 눈을 가려. 무서운 장면을 보고 싶으면서도 보고 싶지 않고, 알고 싶으면서도 알고 싶지 않은 거야.
　책은 언제든 덮을 수 있어서 참 좋아. 내용이 궁금해지거나 다른 부분을 읽고 싶으면 1초 만에 다시 펼치면 되니까 말이야. 물론 다음 날이든 다음 달이든 다음 해든 다시 읽고 싶을 때까지 계속 책을 덮어 둬도 괜찮고.
　책을 아예 덮어 버리기 전에 이 책이 어떻게 만들어졌는지 알려 줄게.
　죽음은 정말 흥미로운 주제야. 하지만 죽음에 대해 이야기하는 사람은 별로 없지. 그래서 죽음에 관한 책을 쓰기로 했어. 다양한 질문에 답하는 방식으로 말이야. 멋진 질문보다 더 좋은 건 없거든! 그래서 죽음에 관한 흥미진진한 질문을 기다린다고 초대장을 먼저 보내기로 했지.

먼저 죽음에 관한 중요한 질문들을 모아 활동지를 만들었어. 그리고 전 세계에 있는 가족, 학교, 도서관에 초대장을 보내서 참여해 달라고 부탁했어. 죽음에 관한 질문을 보내 달라고 말이야. 이렇게 우리는 죽음에 관해서 생각하고 상상하고 질문할 수 있는 탐구 활동을 시작했어.

스페인, 이탈리아, 핀란드, 독일, 영국, 미국, 콜롬비아, 멕시코, 아르헨티나, 에콰도르, 브라질, 튀르키예에서 질문을 수백 개나 받았어. 전 세계에서 보내 준 질문들은 책의 맨 앞과 맨 뒤에서 확인할 수 있어.

그다음은 질문을 분류하고 선택할 차례였어. 얼마나 어려웠는지 상상도 못 할 거야!

과학, 철학, 인류학, 심리학에 관한 질문도 있었고 아주 현실적인 질문도 있었어. 재미있는 질문이나 슬픈 질문도 있었고 어려운 질문, 용감한 질문, 놀라운 질문, 유쾌한 질문도 있었지. 그중에서 38가지 질문을 골라 답한 것이 바로 이 책이야. 이 질문들은 아이들이 죽음에 관해서 어떤 걱정과 호기심을 품고 있는지 잘 보여 줘.

질문을 모두 고른 뒤에 화가 안드레아가 나타났어. 안드레아가 먼저 아이들의 질문만 읽고 떠오르는 생각을 그림으로 표현했지. 그러니까 이 책의 그림을 질문에 대한 대답이라고 생각해도 좋아. 안드레아가 질문을 읽고 고민하며 그린 그림이니까 말이야.
　이 책을 마무리하는 데 3년이나 걸렸어. 죽음에 관한 질문에 정해진 답은 없거든. 그래도 우리는 아이들이 왜 이런 질문을 했는지 이해하고 공감하며 답하려고 노력했어.
　이 책에 내놓은 대답이 알찬 대화와 새로운 질문으로 이어지기를 바라고 있어. 질문이여, 영원하라!

언제 이 책을 읽으면 좋을까?

　대부분의 사람들은 사랑하는 사람이 죽었을 때처럼 죽음이 우리 곁에 다가올 때만 죽음에 관해 생각하는 것 같아. 사랑하는 사람을 떠나보내고 나서 이 책을 읽어도 좋지만 꼭 그런 경우가 아니라도 자연스럽게 죽음에 관해 생각하고 이야기해도 좋아.
　그러니까 언제든지 읽을 수 있어!

어떻게 이 책을 읽으면 좋을까?

혼자 읽어도 좋고 여럿이서 읽어도 좋아. 혼자 읽더라도 나중에 다른 사람과 대화하고 싶어질 거야. 죽음에 대해 생각하다 보면 다른 사람과 생각을 나누고 싶어지거든.

처음부터 끝까지 차례대로 읽어도 좋고, 가장 좋아하는 질문이나 가장 흥미로운 질문, 가장 두려운 질문을 먼저 읽어도 괜찮아.

각 질문의 대답 끝에는 같이 읽으면 좋은 질문이 몇 쪽인지 적어 놓았어. 바로 다음 질문으로 넘어가는 대신 관련된 질문을 찾아 읽을 수도 있지. 더 읽어 보고 싶으면 확인해 봐.

각 질문에는 흥미로운 이야기와 지식 그리고 아이디어가 깨알 같이 들어 있어. 여러분이 직접 정보를 찾거나 아이디어를 보태서 답해도 좋아.

그러니까 마음대로 읽으면 돼!

이 책은……
전 세계 여러 지역의 아이들이 던진 죽음에 관한 질문을 담고 있어.

진심으로 고마워!
이 프로젝트에 참여해 준 친구들 모두 진심으로 고마워. 흥미로운 질문을 보내 준 덕분에 책이 탄생했어. 죽음에 관한 다양한 질문으로 이 책을 읽을 사람들이 열띤 대화를 할 수 있을 거야.

1. 언젠가 꼭 죽어야 하나요?

클라우디아

클라우디아에게

　클라우디아는 운이 정말 좋네! 이 질문에는 확실하게 대답해 줄 수 있거든. 죽음에 관한 질문은 참 많은데, 분명히 대답할 수 있는 질문은 별로 없어. 이 질문에는 한 문장으로 대답할게. 죽지 않을 방법은 없어.
　혹시 대답이 너무 짧은 것 같니? 그럼 조금 더 살펴보자.
　'나는 언젠가 죽을 거야'라는 말은 '2+2=4'라는 말만큼이나 틀림없는 사실이야. 인간이라면 언젠가 죽어. 그러니까 틀릴까 봐 걱정하지 말고 당당하게 외쳐도 괜찮아.

나는 언젠가 죽을 거야!

　하지만 걱정하지 마. 너만 죽는 건 아니거든. 죽음은 모두에게 닥쳐올 거야. 이 책을 쓴 나도, 그림을 그린 화가도 먼 훗날에 죽을 거야. 가족, 친구, 반려동물, 식물도 마찬가지지. 우리는 영원히 살 수 없어.

혹시……
네가 죽지 않고 영원히 산다는 '홍해파리'는 아니겠지? 홍해파리는 수명이 다할 때쯤 다시 새끼 해파리로 돌아간대. 그리고 이 과정을 영원히 반복해. 홍해파리라면 죽음의 손아귀에서 벗어날 수 있을 거야. 하지만 이 책을 읽을 수는 없겠지.

인간에게 죽음은 참 어려운 문제야. 동물이나 식물과는 다르지. 우리는 자신이 언젠가 죽는다는 사실을 잘 알고 있거든.

처음으로 죽음을 생각했을 때는 두려움이 밀려왔겠지? 두 번째로, 세 번째로 생각해도 여전히 무서웠을 거야.

'내가 언젠가 죽을까?' 같은 질문을 깊이 파헤쳐 보면 질문 뒤에 숨은 걱정을 발견하기도 해. 훨씬 더 답을 찾기 어렵지.

내가 곧 죽을까? 죽을 때 아플까? 죽으면 어떤 느낌이 들까?

언젠가 죽는다는 사실은 확실하잖아. 그런데 언제 죽을지, 어떻게 죽을지, 어떤 느낌일지는 전혀 알 수 없으니 걱정스러워. 참 이상한 일이야.

모르는 게 많으니까 불안해서 못 살겠어! 그냥 눈을 감고 귀를 막고 싶어. 다시는 죽음을 생각하기 싫어. 너무 무섭거든. 하지만 한편으로는 죽음에 대해 더 알고 싶기도 해. 우리는 호기심이 많잖아.

한번 해 볼까?
죽으면 어떤 느낌일지 눈을 감고 상상해 봐.

정말로 죽음에 관해 자세히 알고 싶어? 얼마나 더?

질문이 머릿속을 맴돌아. 정해진 답이 없는 질문은 어떻게 답해야 좋을까?

괜찮은 방법을 하나 알려 줄게. 언젠가 죽는다는 사실이 걱정되거나 죽음에 관한 질문이 떠오를 때 다른 사람과 이야기를 나누면 마음이 편안해져. 이야기를 나누면서 죽음을 24번째 생각할 무렵이면 죽음이 덜 무서워질 거야.

추신. 첫 번째로 이야기하기에 딱 알맞은 질문을 보내 줘서 고마워!

우리 언제 죽을까?
언제 죽을지 정확하게 알고 싶니? 죽을 날짜를 알면 뭐가 좋을까? 앞으로 시간이 얼마 남지 않았다는 걸 알면 지금과 다르게 살까? 아주 오래 산다는 걸 확실하게 안다면 어떨까?

2. 죽으면 우리 몸은 어떻게 되나요?

나초

나초에게

 멋진 질문이야! 우리가 죽어서 해골로 변하는 과정을 고상하게 설명해 볼게.
 우선 네 몸을 살펴봐. 온통 피부로 덮여 있지. 이제 팔을 만져 봐. 피부와 그 아래에 있는 살이 느껴질 거야. 살짝 누르면 뼈도 느껴지고. 통통한 볼도 만져 볼래? 손가락으로 꾹 누르면 볼살이 다시 튀어 오르지? 자, 이제 뺨 근처에 있는 뼈를 찾아봐. 뺨 위쪽으로는 광대뼈가 있고 아래로는 턱뼈가 있어. 눈 주변의 피부도 만져 보고 눈도 더듬어 보렴. 그게 나중에 해골이 될 거야.
 해골을 모르는 사람은 없겠지? 해골은 어디든 있잖아. 영화나 책에도 나오고 박물관에도 있고 축제에서도 볼 수 있어. 해골은 죽음의 상징이기도 해. 누구나 해골을 보면 죽음을 떠올리지. 하지만 영화나 책에 나오는 해골과 자신의 해골은 전혀 다르게 느껴져. 해골이 된 우리 모습을 상상하면 꺼림칙하고 소름이 끼쳐. 우리가 언젠가 반드시 죽는다는 사실이 떠오르거든.
 그래도 진정하고 더 이야기해 보자.

시체는 결국 뼈만 남고 전부 사라질 거야. 오랜 시간이 흐르면 뼈조차 남지 않겠지. 우리 몸은 어떻게 없어질까? 살과 피부는 어떻게 사라지는 거지?

사람이 죽는 순간부터 해골만 남을 때까지 지켜본다고 상상해 봐. 시체가 야외에 그대로 놓여 있는 거지. 뼈만 남을 때까지 몇 주나 몇 달, 심지어 몇 년이 걸릴 수도 있어. 그동안 고약한 냄새가 진동해서 구역질이 나기도 하겠지. 그래도 눈을 뗄 수 없을 거야.

우리가 죽으면 온몸의 세포가 분해되기 시작해. 이때 암모니아라는 물질이 뿜어져 나와. 암모니아 냄새는 끔찍해. 하지만 다른 동물에게는 파티 초대장이나 다름없지. 우리 몸을 가장 먼저 먹어 치우는 녀석은 몸속에 있던 박테리아야. 장 속에 있던 박테리아가 앞장서 빠르게 번식하고 온몸으로 퍼져 나가. 곤충도 서둘러 달려와. 특히 파리가 빠르게 움직이지. 마지막으로 파리의 애벌레인 구더기도 우리 몸 밖의 다른 박테리아, 균류, 미생물과 함께 잔치를 즐겨. 몸의 부드러운 부분을 먹어 치우는 거지. 이렇게 시체가 썩는 부패 과정이 시작돼. 부패는 여러 단계를 거쳐서 천천히 일어나.

시체마다 썩는 속도가 달라.
야외에 내버려둔 시체는 물속에 잠긴 시체보다 2배 더 빠르게 분해되고, 땅속에 묻은 시체보다 8배 더 빠르게 분해돼. 시체를 관 속에 넣으면 해골로 변할 때까지 더 오래 걸려. 시체를 분해하는 곤충이 관 속으로 쉽게 들어오지 못하거든.

그러면 뼈는?
뼈까지 없어지려면 훨씬 더 오래 걸려.
뼈는 적게는 20년부터 많게는 수천 년까지 멀쩡히 버티기도 해.

우선 소장, 대장, 심장 같은 장기는 물처럼 흐물흐물하게 변한 다음 흔적도 없이 사라져. 그동안 피부는 말라서 갈라지고 몸에서 조금씩 떨어져 나가. 손톱, 발톱, 머리카락도 빠지고…… 결국 뼈만 남지.

몹시 덥고 습한 지역에서는 시체가 2주 만에 해골로 변하기도 해. 매우 춥거나 건조한 환경에서는 박테리아와 벌레가 시체를 먹어 치우기 어려워서 부패도 더디게 일어나. 심지어 부패가 멈추기도 해. 이런 경우에는 피부가 떨어져 나가는 대신 바싹 말라서 뼈에 달라붙지. 피부가 붙어 있는 해골을 뭐라고 부르게? 바로 미라야!

사람이 죽는다고 해서 언제나 해골로 변하는 건 아니야. 시체를 불에 태워 화장한다면 부패할 시간조차 없지. 더군다나 아주 뜨거운 불로 태우기 때문에 뼈도 견디지 못해. 남는 건 재뿐이지. 해골마저 사라지는 거야.

피부야, 잘 가!

3. 죽으면 생각도 사라지나요?

이사이

이사이에게

　정말 훌륭한 질문이야. 옛날 사람들도 똑같은 걸 궁금해했지.
　과학적으로 볼 때 죽음을 판단하는 기준은 크게 두 가지야. 하나는 심장이 멈추고 호흡이 멎은 상태야. 다른 하나는 뇌 기능이 완전히 멈춘 상태야. '뇌사'라고 하지. 심장이 멈추고 호흡이 멎은 후 몇 분이 지나면 뇌사가 일어나. 바로 그때 우리의 모든 생각과 의식 활동도 멈춰.
　우리가 죽으면 당연히 우리 몸도 죽어. 하지만 사람은 그저 몸으로만 이루어졌을까? 만질 수 있는 몸 말고 만질 수 없는 생각도 있잖아. 그럼 생각은 곧 뇌일까? 우리가 죽으면 직접 만질 수는 없어도 '나'의 일부라고 느끼는 이 생각은 어떻게 될까? 죽고 나서도 세상에 남아 있을까?
　이런 질문에는 대답할 수 없어. 아무런 지식이 없거든. 죽은 사람이 살아 돌아와서 이야기를 들려준 적도 없고. 그래도 상상의 나래를 한번 펼쳐 보면 재미있을 거야.

어떻게 생각해?
우리가 죽으면 생각도 사라질까? 사라지지 않는다면 어떻게 될까?
가족이나 친구한테도 어떻게 생각하는지 물어봐.

질문 하나 더!
왼쪽 그림을 봐. 해골이랑 몸이 절반밖에 없는 사람이 체스를 하고 있어.
누가 이길까? 왜 그렇게 생각해?

4면, 5면, 32면, 36면 질문도 같이 읽어 봐.

4. 죽을 때 우리 몸은 한 번에 죽나요?

아리아드나

아리아드나에게

  죽음에 관한 질문은 무척 많아. 어떤 질문은 무섭고, 어떤 질문은 재미있고, 어떤 질문은 호기심을 자극하지. 이번 질문은 세 가지 특징을 다 갖췄어. 오싹하면서도 우스꽝스럽고 너무나 흥미로워.

  옆의 그림을 잘 보렴. 화가가 질문을 재치 있게 표현했어. 목이 잘려서 죽은 프랑스 왕비인 마리 앙투아네트의 머리가 몸보다 더 오래 살고 싶어서 스케이트보드를 타고 도망치고 있어. 머리는 어디로 갈까? 역사를 바꾸러 갈까? 아니면 마지막으로 신나게 놀러 갈까? 사형 집행인과 죽음 중에 누가 먼저 찾아올까?

살아 있는 부분과 죽은 부분이 함께 있는 몸은 어떨지 생각해 볼까? 그런데 생각하다 보니 자꾸 찜찜한 질문이 떠올라. 우리 몸이 한 번에 죽지 않는다면 우리가 '반쯤 죽은' 상태나 '반쯤 살아 있는' 상태일 수 있을까? 맙소사! 반쯤 죽었든 반쯤 살았든 우리 스스로 어떤 상태인지 다 알 수 있잖아. 얼마나 괴로울까? 너무 소름 끼쳐. 이렇게 생각하면 한 번에 죽는 게 낫겠어.

안타깝게도 이런 소망은 이루어질 수 없어. 우리 몸은 스위치를 끄듯 한순간에 모든 기능이 멈추지 않아. 갑자기 사고를 당해서 죽음을 맞더라도 말이야. 죽음은 여러 단계를 거쳐 진행되거든. 심장이 멎으면 몸에 피가 돌지 않고, 피를 통해 전달되던 산소가 몸 곳곳의 세포에 다다르지 못해. 그러면 산소가 많이 필요한 세포부터 먼저 죽어. 산소 없이도 오래 버티는 세포는 조금 더 오래 살 수 있지.

그래도 좋은 소식이 있어. 뇌세포는 산소가 많이 필요해. 그래서 산소가 없으면 빠르게 죽어. 다행이지? 심장이 멈추고 산소가 전달되지 않는 순간부터 우리 몸은 천천히 죽어 가지만 뇌가 죽어서 아무것도 느끼지 못할 거야.

그다음으로 죽는 세포는 심장, 췌장, 간, 신장 같은 장기의 세포야. 심장이 멈추고 1시간 이내에 죽지. 피부나 눈의 각막은 몇 시간 동안, 백혈구는 최대 이틀에서 사흘 동안 살아남을 수 있어.

우리 몸은 한 번에 죽지 않아. 아직 살아 있는 세포와 이미 죽은 세포가 같이 있을 수 있지.

어쨌거나 마리 앙투아네트의 잘린 머리는 마지막으로 술 한 잔을 즐길 수 없었을 거야. 뇌가 죽었기 때문이지. 죽은 뇌는 술맛을 느낄 수 없어. 안타까운 일이지. 그래도 다행인 건 고통도 느끼지 못한다는 거야. 휴!

생각해 본 적 있어?
우리 몸이 한 번에 죽지 않으니까 아직 살아 있는 장기를 다른 사람에게 줘서 생명을 구할 수 있지 않을까?

5. 사람이 진짜로 죽었다는 걸 어떻게 알 수 있나요? _{엘리아나}

엘리아나에게

땅속에 묻힌 관 안에서 눈을 뜨는 상상을 해 봐. 세상에, 사람 살려! 쉿, 큰 소리로 외치는 건 좋지 않아. 산소가 부족하니까 아껴야 해. 천천히 숨을 들이마시고 내쉬어. 산소가 바닥나서 진짜로 죽기 전에 누군가 관을 열고 구해 주기를 기도해야지.

으악! 이제 악몽에서 빠져나가자.

'생매장 공포증'은 산 채로 묻히는 일에 대한 두려움을 가리키는 말이야. 요즘에는 실수로 누군가를 산 채로 묻는다는 말이 조금 황당하게 들릴 거야. 이런 일이 벌어질 가능성은 아주 낮으니까. 하지만 예전에는 달랐어.

옛날에는 의사가 죽음을 확실하게 판단하기 어려웠어. 지금처럼 기술이 발달하지 않은 시대에는 겉모습과 심장 소리로만 확인해야 했지. 심장이 멈춰서 맥박이 느껴지지 않거나 숨을 쉬지 않으면 죽었다고 여겼어. 정말로 죽었는지 아니면 그저 죽은 것처럼 보이는 건지 판단하기 어려웠지. 그러다 보니 그림 속 상황처럼 불행한 일이 벌어지는 경우도 많았어.

"이봐! 나 살아 있다고!"

물론 그때는 전화가 없었지만 말이야.

1571년 비 내리던 어느 가을날, 영국의 브래핑이라는 마을에서 실제로 벌어진 일이야. 마을 사람들은 매슈 월이라는 젊은이의 시체가 담긴 관을 들고 묘지로 가다가 젖은 나뭇잎을 밟고 미끄러졌어. 상상해 봐. 넘어진 사람들이 땅바닥에 나뒹굴고 관이 바닥에 떨어지는 장면을 말이야. 그런데 그 충격에 매슈가 깨어나서 관 뚜껑을 마구 두드렸어. 쾅쾅쾅! 그 뒤로 매슈는 24년을 더 살았지.

매슈는 운이 참 좋았어. 산 사람을 실수로 묻었다는 사실을 너무 늦게 깨달아서 끝내 죽고 만 경우도 많았거든.

이런 안타까운 사고 때문에 죽은 사람을 바로 땅에 묻지 않고 며칠 기다리는 관습이 생겨났어. 혹시 깨어날 수도 있으니 진짜로 시체가 썩는지 확인하려는 거야. 심지어 자신이 산 채로 묻히지 않도록 심장에 바늘을 찔러 달라고 유언을 남기는 사람들도 있었대. 다행히 19세기에 청진기가 발명된 덕분에 그럴 필요는 없어졌지.

의학이 발전하면서 이런 문제는 해결됐지만 새로운 의문이 생기기도 했어. 20세기 초까지 사람이 죽었는지 판단하는 기준은 호흡이 멈추고 심장이 뛰지 않는 것이었어. 그런데 인공호흡기와 심장 이식 수술이 생기면서 호흡과 심장 박동만으로는 사람이 정말로 죽었는지 판단하기 어려워진 거야. 그러면 어떻게 죽음을 판단해야 할까?

이런 물건도 있어.
19세기에는 '안전한 관'이라고 불리는 관이 다양하게 만들어져서 특허를 받곤 했어.
관 속에 갇힌 사람이 아직 살아 있다는 신호를 보낼 수 있도록 온갖 기발한 장치가 관에 달려 있었지.
깃발이나 종을 달기도 했고, 숨을 쉴 수 있게 관에 공기 구멍을 만들기도 했어.

여러 연구 끝에 20세기 중반에는 일시적으로 심장이 멎은 상태와 뇌가 완전히 멈춰서 다시는 숨을 쉬거나 심장이 뛰지 않는 상태를 구분할 수 있게 되었어.

이후로도 죽음에 관한 의학 연구는 계속됐지. 오늘날에는 뇌파 검사로 뇌가 기능을 완전히 멈췄는지, 다시 회복될 가능성은 있는지 확인할 수 있어. 이제는 죽은 것처럼 보이는 상태와 진짜로 되돌릴 수 없는 죽음을 훨씬 더 쉽게 구별할 수 있어. 더 이상 사람을 산 채로 묻는 사고는 없을 거야.

산 사람이 정말로 살아 있다는 건 어떻게 알 수 있을까?

6. 사람은 어떻게 죽나요?

레오

레오에게

우리가 상상할 수 있는 거의 모든 방법으로 죽을 수 있어.

그림처럼 검은색 그랜드 피아노에 깔려서 죽을 수도 있을까? 드문 일이지만 실제로 그런 일이 있었어.

1903년 스페인 로그로뇨에 사는 시프리아노 가르시아는 창문으로 집 안에 피아노를 들이던 중 사고를 당했어. 피아노가 가르시아 위로 떨어져 버렸지. 하지만 걱정하지 마. 온갖 가능성을 두고 순위를 매기면 검은색 그랜드 피아노에 깔려 죽는 경우는 순위가 낮을 거야. 분홍색 그랜드 피아노에 깔려서 죽는 경우보다 약간 높겠지.

1위는 뭘까? 21세기에는 심장병으로 죽는 경우가 가장 많아.

그런데 레오는 가장 고통스럽거나 가장 편안한 죽음은 무엇인지 궁금한 거지? 품위를 지키며 죽는 방법도 궁금할 거야. 다른 친구도 비슷한 질문을 보냈어.

"바보 같은 표정으로 죽으면 영원히 그 표정으로 남나요?"

죽는 방법을 고를 수 있다면 어떨까? 갑작스러운 죽음이 나을까, 미리 알 수 있는 죽음이 좋을까? 갑자기 죽는다면 죽음을 알아차리지도 못할 거야. 사랑하는 사람들에게 작별 인사도 건넬 수 없겠지. 반대로 천천히 찾아오는 죽음이라면 내가 죽어 가는 게 느껴질 거야. 그래도 사람들에게 마지막으로 인사할 수는 있어. 어떤 쪽을 고를래?

웃다가 죽을 수도 있을까?

불가능한 얘기는 아니야. 그리스의 철학자 크리시포스는 당나귀가 무화과를 먹는 것을 보고 무화과에 곁들일 포도주를 당나귀에게 가져다주라고 했대. 그리고 그 농담이 너무나 우스워서 자지러지게 웃다가 질식해 죽었어. 자, 교훈을 배웠지? 농담하고 너무 웃으면 안 돼.

19면, 27면, 29면 질문도 같이 읽어 봐.

7. 우리는

언제 죽어요?

세노

세노에게

사람마다 죽는 나이는 달라. 하지만 죽음이 더 많이 찾아오는 나이대는 있어. 누군가 80세나 90세에 죽는다면 죽기에 너무 젊은 나이라고 생각할 사람은 없을 거야. 100살 넘게 사는 사람도 있고 태어나자마자 죽는 사람도 있어. 심지어 태어나기도 전에 죽는 경우도 있지. 죽음을 피할 수 있는 나이는 없어.

언제라도 죽을 수 있다고? 세상에!

이렇게 생각하니 걱정스러워. 이 책을 읽는 지금도 당장 죽음이 덮칠 것 같아 두려워. 죽음이 가까이 왔는지 확인할 수 있으면 좋겠어. 나에게 남은 시간이 얼마나 될지 궁금하기도 해.

그런데 언제 죽을지 모른다고 생각하니 오히려 힘이 나기도 해. 죽음이 늘 가까이 있다고 생각하면 지금이 마지막 순간일 수도 있잖아. 그러니까 매 순간 열심히 살아야지!

라틴어에 '카르페 디엠'이라는 말이 있어. '오늘을 즐겨라'라는 뜻이야. 스페인에서는 이렇게 말하지.

"인생은 짧다!"

불멸의 홍해파리는 정말로 영원히 살까?
생물학적으로 죽지 않는 동물은 없어. 홍해파리 역시 우리처럼 언제든지 죽을 수 있어. 나이가 들어서 맞는 죽음은 피할 수 있지만 다른 위험은 피할 수 없거든. 해파리를 잡아먹는 동물이나 질병, 심각한 환경 변화 같은 위험 말이야.

그런데 과연 인생이 짧을까? 90살까지 사는 사람도 있잖아. 그건 누구와 비교하는지에 따라 달라. 태어난 지 얼마 안 되어 죽는 생물도 있고, 아주 아주 아주 오래 사는 생물도 있거든.

하루살이와 비교하면 사람은 정말 오래 사는 거지. 하루살이는 애벌레에서 벗어나고 대략 24시간 만에 죽어. 수컷 개미는 보통 3주를 넘기지 못하고 죽지. 파리는 삶을 마음껏 즐길 수 있는 시간이 15일에서 30일 정도야. 들쥐는 운이 좋으면 최대 1년 반까지 살 수 있어. 야생 늑대는 그보다 긴 약 9년 정도 살지만 사람이 돌보는 개나 고양이보다는 짧지. 집에서 기르는 개나 고양이는 20년 정도 살 수 있거든. 그러면 아프리카코끼리는 어떨까? 사람과 비슷하게 70년 정도 살아.

70년이 그렇게 대단하진 않아. 아다브라육지거북은 183년, 북극고래는 200년, 그린란드상어는 300년이나 살 수 있어. 하지만 아이슬란드 바닷가에 사는 조개에 비하면 아무것도 아니야. 무려 500년이나 살 수 있거든.

식물 이야기는 아직 꺼내지도 않았어. 안데스산맥에 사는 고산 식물인 야레타는 3,000년이나 살고 있대. 나이가 5,000살인 소나무도 있어. 일본의 야쿠시마섬에 있는 조몬 삼나무는 무려 7,000살이래. 오랜 세월 동안 자리를 지키고 있다니 정말 대단하지?

8. 사람은 몇 살까지 살 수 있어요?

마일린

나중에 다시 오라고!

마일리에게

　일본인 이토오카 토미코는 117세까지 살았대. 엄청나지? 프랑스 사람 잔 칼망은 무려 122년하고도 164일을 살았어. 1997년에 숨을 거뒀는데 아마 역사상 가장 장수한 사람일 거야.
　122살까지 살 수 있다면 123살까지도 살 수 있지 않을까? 124살까지는? 150살은 어때? 200살은? 500살, 1,000살까지? 안타깝게도 불가능해. 1,000살까지 살 수는 없어. 정확히 몇 살까지 살 수 있다고 콕 집어 말할 수는 없지만 과학자들은 사람의 수명이 150살을 넘길 수 없다고 생각해. 아마 잔 칼망처럼 122살 정도가 한계일 거야.
　왜 200살이 아니라 150살일까? 이건 우리 몸속 세포와 관련 있어. 우리가 살아 있는 동안 세포는 끊임없이 죽고 다시 만들어져. 1초마다 세포 수천 개가 죽고 세포 분열이라는 신기한 방식으로 다시 생겨나. 세포 하나가 둘로 쪼개지면서 새로운 세포를 만드는 거야. 그런데 이 기발한 방법에도 한계가 있어. 세포 분열 횟수가 정해져 있다는 거야. 한계에 다다르면 세포는 더 이상 분열하지 않아. 타고난 한계 말고도 세포를 상하게 하는 요인이 많아. 우리가 젊고 건강할 때는 몸이 세포를 스스로 복구할 수 있지만 나이가 들거나 병에 걸리면 새로운 세포를 다시 만드는 데 힘도 들고 시간도 걸려. 120살쯤 되면 우리 몸은 세포를 다시 만들기 몹시 어려워져. 그러면 세포로 이루어진 우리는 결국 죽음을 맞이해. 그게 인간 수명의 한계야.

여기서 질문!
몇 살까지 사는 게 가장 좋을까? 왜 그렇게 생각하니?

7번, 9번, 35번, 37번 질문도 같이 읽어 봐.

9. 왜 죽어야만 하나요?

파세엘

파세엘에게

 사람이 죽는 이유가 궁금하니? 그렇다면 8번 질문 "사람은 몇 살까지 살 수 있어요?"를 읽어 봐.
 아니면 혹시 죽기 싫어서 질문한 거야? 대체 사람은 왜 죽어야 할까? 언젠가 죽는다는 사실을 늘 생각하며 살아가야 한다면 얼마나 힘들까?
 이렇게 한번 상상해 보자. 누구나 영원히 산다고 생각해 보는 거야. 모두가 죽지만 않을 뿐 계속 늙어가겠지. 350살쯤 됐을 때 어떤 모습으로 살게 될까? 1,000살이 되면? 어느 순간 더는 늙지 않을 수 있다면 그때는 언제일까?

이번 질문과 비슷하지만……
조금 다르게 대답해야 하는 질문도 있었어. "죽는 게 중요한가요?"

잠깐! 아무도 죽지 않는다면 갓 태어난 아기가 수천 년 동안 산 사람과 함께 지내야 할 거야. 할머니의 할머니의 할머니의 할머니와 함께 지내면 어떨까? 먼 옛날 사람과 현재의 사람이 함께 살면 어떤 점이 좋고 어떤 점이 나쁠까? 영원히 살 수 있다면 우리는 매일 무엇을 하면서 시간을 보낼까? 끝없는 삶이 지루하지 않을까? 무엇보다 그 많은 사람이 다 함께 지구에서 살 수 있을까? 공간이 부족할 텐데 이 문제를 어떻게 해결해야 할까? 네가 손가락만 튕기면 아무도 죽지 않는 세상으로 변한다고 상상해 봐. 손가락을 튕길 수 있니?

죽지 않는다면 삶이 얼마나 달라질까? 죽음이 없다면 '삶'이라고 부를 수 있을까?

1번, 8번, 15번, 37번 질문도 같이 읽어 봐.

10. 엄마 아빠가 죽으면 누가 아이들을 돌보나요?

소피아 엘리아나

40

소피아 엘리아나에게

　누구나 살면서 한 번은 이런 질문을 해. 때로는 걱정스러운 마음에, 때로는 호기심에 이렇게 묻지. 이 질문에 정해진 답은 없어. 우리가 부모님을 잃고 어떤 일을 겪을지는 저마다 다르니까.
　부모님이 병에 걸려서 돌아가시는 경우를 생각해 보자. 부모님이 곧 아이들과 헤어져야 한다는 사실을 알면 미리 준비할 수 있을 거야. 새로운 법적 보호자로 누가 좋을지 고민하고 아이들에게 의견을 물을 수도 있지.
　부모님이 아이들을 맡길 사람을 결정하면 그 사람에게 허락을 구할 거야. 그 사람이 아이들을 돌보겠다고 하면 아이들의 법적 보호자가 돼. 이런 경우에는 모두가 바라는 대로 결정됐으니 일이 수월하게 풀려.

책이나 영화에서는 어떨까?
부모님을 잃은 아이가 주인공인 책이나 영화가 많지. 이야기 속에서 아이를 돌보는 사람들을 보면 걱정이 밀려와. 《해리 포터》를 생각해 봐. 이모와 이모부는 끔찍하고 사촌도 성질이 고약하잖아. 《신데렐라》의 사악한 계모와 잔인한 언니들은 또 어떻고? 영화 〈레모니 스니켓의 위험한 대결〉에 나오는 보들레르 남매는 친척 집을 옮겨 다녀. 한편 삐삐 롱스타킹은 어른의 보살핌 없이 혼자 살면서 무엇이든 하고 싶은 대로 해. 그래도 이 아이들은 흥미진진한 모험을 할 수 있지. 하지만 이런 일을 직접 겪는 것보다는 책이나 영화로 보는 게 낫겠지?

하지만 부모님이 갑자기 돌아가신다면 상황이 달라져. 아이를 돌볼 사람을 정해 놓지도 않았고 이런 문제를 다른 사람과 의논한 적조차 없었을 테니까 말이야.

이런 경우에는 보통 친척이 아이의 법적 보호자가 되곤 해. 아이를 돌볼 만한 친척이 여러 명이면 아이들에게 가장 좋은 환경을 고려해서 결정되지. 새로운 법적 보호자는 아이가 자랄 때까지 보살펴 주고 사랑해 줄 거야.

법적 보호자가 될 만한 친척이나 가까운 어른이 없을 때도 있어. 그러면 법적 보호자가 정해지거나 아이가 어른이 될 때까지 위탁 가정이나 아동 복지 기관에서 돌봐 줘.

혹시나 궁금해할까 봐 말해 두는데 반려동물은 법적 보호자가 될 수 없어. 하지만 책이나 영화에서 아이를 돌보는 동물이 나온다면 정말 재미있겠지?

14번, 18번 질문도 같이 읽어 봐.

잘 모르겠으면 어떻게 되나요

우고

우고에게

죽고 나면 무슨 일이 일어날지 고민하다 보면 삶이 신비롭게 느껴져. 사람은 지구에 등장한 이후로 줄곧 같은 질문을 던졌어.
죽고 나면 어떻게 될까?

이 질문에 사람들은 수천 년 동안 수천 가지 답을 내놓았어. 하지만 아직도 확실한 답을 얻지 못했지. 정말 놀랍지? 이렇게 답을 찾기 어려운 질문도 있어.

과학자들은 뭐라고 말할까? 사실 죽음 이후의 세계가 있다는 증거는 없어. 영혼이 있다는 증거도 없지. 간단히 말하면 아무 것도 없어.

죽은 동물과 식물은 다른 생명체의 영양분이 돼. 자연이 우리를 '재활용'한다고 볼 수도 있어. 그러니 이렇게 대답할 수 있겠네.
죽으면 재활용되는 거야.

인간에게 영혼 같은 건 없다고 생각하는 사람들도 있어. 우리 몸이 인간의 전부라고 말이야. 몸에서 생명이 빠져나가면 끝이라는 거지. 몸이 죽으면 우리는 더 이상 존재하지 않아.

죽음 이후의 세계가 없다고 믿어도 '아무것도 없다'는 게 어떤 의미인지 상상하기 어려워. 우고와 비슷하게 질문한 친구가 한 명 더 있었는데, 그 친구는 이렇게 물었어.

"죽고 나면 무슨 일이 일어날지 고민해 봤는데 아무 일도 없을 것 같다고 결론 내렸어요. 그런데 아무 일도 없다는 게 뭔가요?"

죽으면 정말 전부 끝나는 걸까? 우리를 이루는 전부가 완전히 사라지는 게 가능할까? 죽지 않고 다른 세상에서 '살아가는' 뭔가가 있지 않을까?

사람들은 이 질문에 대한 답을 과학 말고 다른 곳에서도 찾아 헤맸어. 종교는 이런 궁금증에서 시작됐지.

대부분의 종교는 사람이 육체뿐만 아니라 영혼도 있다고 이야기해. 몸이 사라지더라도 영혼은 남는다고 말이야. 그러니까 영혼은 죽지 않아. 사람들은 영혼이 공기처럼 투명하고 무게도 없고 모양도 없다고 생각해. 그래서 죽음 너머에 있는 세계로 둥둥 떠서 날아갈 수 있지.

사람들은 아주 오래전부터 사후 세계와 영혼이 존재한다고 믿었어. 이런 믿음은 죽고 나면 어떻게 되는지 궁금해하는 질문만큼 오래됐지. 종교마다 구체적인 내용만 다를 뿐이야. 이 내용은 다음에 이야기하자. 다음 질문을 보렴.

어떻게 생각해?
우리가 죽으면 먼저 죽은 사람들이 환영 파티를 열어 줄까? 아니면 엄숙하고 조용히 맞이해 줄까? 우리는 다른 사람으로 다시 태어날 수 있을까? 아니면 그저 영혼이나 유령으로 이 세상에 남게 될까? 우리를 아는 사람들의 기억 속에서만 살아가는 건 아닐까?

12. 죽으면 어디로 가나요?

마누엘라

마누엘라에게

  이번 질문은 우고의 질문과 하나의 세트처럼 어울리네. 먼저 11번 질문과 대답을 읽고 와도 좋아. 아직 읽지 않았다면 44쪽을 먼저 읽어 봐. 여기서 기다리고 있을게. 다 읽고 왔니? 그럼 시작할게.

  영혼이 없다면 우리 몸이 죽을 때 우리도 완전히 죽는 거야. 그럼 이렇게 말할 수 있어. 우리는 죽고 나서 어디에도 가지 않아. 태어나기 전과 마찬가지로 존재하지 않는 거지.

  사람이 죽으면 시체는 어디로 갈까? 병원에서 장례식장으로 갔다가 묘지로 갈 거야. 집에서 장례식장으로 갔다가 화장터로 갈 수도 있겠지. 장기를 기증하기로 했다면 신장이나 심장 같은 장기는 다른 사람의 몸에서 계속 살 수도 있어.

  하지만 몸이 죽더라도 영혼이 살아남는다면 어떨까? 시체나 장기가 어디로 가는지는 별로 관심 없을 거야. 대신 죽고 나서 펼쳐질 삶을 상상하겠지. 어디에서 살게 될까? 내 모습은 달라질까? 그 모습이 마음에 들까? 먼저 죽은 가족이나 친척과 만날 수 있을까? 살아 있을 때처럼 대화할 수 있을까?

  다른 친구들도 비슷한 호기심을 가졌어. 어떤 아이들은 이렇게 질문했어.

  "우리가 죽었을 때 괜찮은지 어떻게 알 수 있나요?"

매우 현실적인 질문도 있었어.

"죽으면 아무도 날 못 보는데 그래도 학교에 가야 해요?"

죽고 나서 귀신이나 유령이 되어 지구를 떠돌아다닌다면 어떨까? 죽음 이후의 삶이 지루하면 어쩌지?

우리가 믿는 다양한 종교는 아주 오랫동안 사후 세계를 상상했어. 종교에서 상상한 사후 세계는 전혀 지루하지 않아. 죽은 영혼이 가는 지하 세계와 천국에 관한 이야기를 들어 봤을 거야. 출렁다리를 건너거나 꽃이 활짝 핀 정원을 지나면 밝은 하늘 아래 황금 궁전이 나온다고 하잖아. 땅 아래의 무시무시한 지옥에는 영혼을 가두는 구덩이와 감옥, 불꽃이 일렁이는 강, 복잡한 미궁이 있다고 하지. 지옥과 천국 어디에도 가지 못하는 영혼이 모이는 중간 지대도 있어. 수많은 신, 대천사, 악마, 영혼을 천상으로 데려간다는 발키리, 머리가 셋 달린 개 케르베로스 같은 괴물들이 사는 장소도 있지.

크리스트교나 이슬람교에서는 어떻게 살았는지에 따라 영혼이 가는 곳이 달라진다고 말해. 종교의 가르침대로 살았다면 천국으로 갈 거야. 하지만 그러지 않았다면 어둡고 무시무시한 곳으로 가겠지.

옛날 멕시코 사람들과 바이킹은 다르게 생각했어. 죽음을 맞는 상황에 따라서 영혼이 어디로 가는지 정해진다고 보았지. 전쟁터에서 싸우거나 제물이 되어 희생된 사람의 영혼은 사고를 당했거나 나이가 들어서 죽은 사람의 영혼과 다른 곳으로 간대.

다시 태어나면 어떨까? 고양이나 기린으로 태어나고 싶은 사람도 있을 거야. 재미있겠지? 하지만 너무 기대하지는 마. 바라는 대로 태어나지 않을 수도 있거든.

힌두교에서도 영혼이 다시 태어난다고 믿지만 전생을 기억하지는 못한다고 생각해. 영혼은 새로운 모습으로 삶과 죽음을 반복하는데 자기가 다시 태어난다는 사실을 몰라. 조금 재미없어졌지?

이런 이야기가 사실인지는 아무도 몰라. 죽은 사람이 돌아와서 이야기를 들려준 적은 없으니까 말이야.

죽고 나서 가는 세계는 어떤 모습일까? 그곳에 가려면 에스컬레이터를 타야 할까? 아니면 땅속으로 들어가야 할까? 그곳엔 이 세상에서 볼 수 없는 동물이 살고 있을까? 우리처럼 카드놀이를 하고, 책을 읽고, 짓궂은 농담에 웃는 평범한 곳일까?

알프레도, 안녕!

나중에 봐!

13. 우리는 태어나기 전에 어디에 있었어요? 그때는 죽어 있었나요?

마야

마야에게

왜 우리는 태어나기 전에 있었던 일에는 관심이 없을까? 죽은 뒤에 살 수 있다면 태어나기 전에도 살지 않았을까? 그러면 우리는 항상 존재했고 앞으로도 존재하겠네?

우선 첫 번째 질문! 우리가 태어나기 전에 어디에 있었냐면 엄마 뱃속에 있었어. 뱃속에서 무럭무럭 자랐지. 엄마 뱃속에 들어가기 전에는 어디에 있었을까? 어떤 존재였을까?

이렇게 상상한 사람도 있어. 영혼이 천국 같은 곳을 떠돌다가 어느 날 몸 안에 들어가서 태어난다고 말이야.

두 번째 질문도 이야기해 보자. 이 질문은 우리가 태어나기 전과 죽은 이후 모두 죽어 있다는 생각이야. 죽은 사람들이 자기 차례를 기다리다가 이름이 불리면 그때 태어나는 거지!

꼬리에 꼬리를 물고 생각하다 보면 삶과 죽음이 영원히 되풀이되는 과정을 상상할 수 있어. 아기를 물어다 준다는 황새와 죽은 사람의 영혼을 저승으로 안내한다는 독수리는 쉴 틈이 없겠네.

아니면 마야의 질문에 이렇게 대답할 수도 있어. 우리가 엄마 뱃속에 있기 전에는 어디에도 없었어. 그때 우리는 아무것도 아니어서 세상에 존재하지 않았지.

11번과 12번 질문도 같이 읽어 봐.

지난 생일에 먹은 케이크에 관해서도 똑같은 질문을 던져 볼까?
케이크를 만들기 전에는 그 케이크가 어디에 있었을까?

14. 돌아가신 할아버지도 감정을 느끼나요?

미레이아

미레이아에게

  사랑하는 사람이 죽으면 그 사람이 영원히 사라졌다는 사실을 받아들이기 어려워. 도저히 믿기지 않지. 슬프기도 하고 화 나기도 해. 영원히 사라진다니, 대체 무슨 말이야?

  사랑하는 사람은 죽었지만 어딘가 우리 곁에 있지 않을까? 살아 있을 때처럼 감정을 느낄 수 있을까? 내 말을 들을 수 있을까?

  돌아가신 할아버지가 우리를 지켜보면서 감정을 느끼면 좋을까? 자랑스러워하신다면 참 좋겠지. 하지만 조금 겁나기도 해. 항상 우리를 보고 계신다고 생각하면 말이야.

  죽은 사람이 감정을 느끼기를 바라는 사람들은 이렇게 말해.

  "감시하는 게 아니라 곁에 있어 주는 거야."

  하지만 다른 사람들은 이렇게 따질 수도 있어.

  "자랑스러워하실 수 있다면 실망하실 수도 있잖아."

  "너무 부담스러워. 사생활이 없잖아!"

  우리가 원할 때만 곁에 있는 게 더 좋을 수도 있겠어. 영화를 함께 보자고 할아버지를 부르는 거지. 산 사람과 죽은 사람 모두 감동할 만한 영화가 있을까? 팝콘을 먹으면서 돌아가신 할아버지와 대화할 수 있다면 무슨 말을 하고 싶니?

10딱, 18딱, 38딱 질문도 같이 읽어 봐.

할아버지는 팝콘을 드실까?
아니면 그냥 팝콘으로 장난을 치실까?

15. 인간도 언젠가 멸종할까요?

라우라

라우라에게

솔직하게 대답할게. 언젠가 인간은 멸종할 거야. 멸종은 생물의 한 종류가 세상에서 완전히 사라지는 걸 말해. 과학자들은 지구에 살았던 동물과 식물 대부분이 멸종했다고 보고 있어. 그러니까 현재 지구에 살고 있는 생물도 당연히 멸종할 수 있지.

종이 나타났다가 사라지는 건 지구 생명의 자연스러운 흐름이야. 멸종은 흔한 일이지. 물론 어떤 종은 훨씬 오래 살아남아. 해파리는 수억 년 동안 바다에서 떼 지어 다녔지. 우리도 해파리처럼 오래 버틸 수 있을까?

이번에도 솔직하게 대답할게. 우리는 포유류라서 힘들어. 아주 오래전에 살았던 생물을 연구하는 고생물학자들은 포유류가 평균 약 100만 년 동안 지구에서 살다가 멸종한다고 말해.

그래도 좋은 소식이 있어. 인간은 호모 사피엔스라는 종인데, 호모 사피엔스는 지구에서 20만 년에서 30만 년 정도 살아왔어. 아직 시간이 상당히 많이 남은 거지. 우리가 살아 있는 동안 인간이 멸종하는 일은 없을 거야.

하지만 안심할 수는 없어. 가끔 뜻밖의 사건 때문에 멸종하기도 하거든. 약 6,600만 년 전 지구가 소행성과 충돌하면서 공룡을 포함한 생물의 4분의 3이 멸종했어. 또 소행성 충돌이 일어난다면 우리도 멸종할까? 끔찍한 핵전쟁이 벌어진다면? 기후 변화 때문에 지구의 기온이 상승한다면? 당장은 심각하지 않아 보여도 앞으로 큰 피해를 불러올 수도 있어.

무슨 일이 터질지 누가 알겠어?

인간은 아주 특별한 종이지만 해파리보다 약점이 많아. 몸집이 큰 동물과 마찬가지로 자주 많이 먹어야 해서 먹이 사슬에 문제가 생기면 곧바로 위험해져. 다행히 잡식성이라 몇 가지 먹이만 먹는 동물보다는 살아남기 유리하지.

커다란 동물이 대개 그렇듯이 인간도 자식을 적게 낳고, 낳기까지 오래 걸려. 그래서 많이 죽으면 다시 인구가 늘기까지 시간이 필요해. 하지만 지금은 수많은 인간이 지구 곳곳에 살고 있어. 핵전쟁으로 인간의 99퍼센트가 죽는다고 하더라도 8,000만 명 정도가 남지. 이 정도면 지구에서 계속 살아남을 수 있어.

게다가 인간은 다른 동물과 비교도 안 될 만큼 환경에 잘 적응해. 척박한 환경에서 살아남고자 기술을 개발하고, 도구와 제도를 만들어. 심지어 환경도 바꿀 수 있어. 이렇게 적응력이 강하니까 멸종 위기가 와도 살아남을 수 있지 않겠어?

그런데 오히려 우리가 너무 똑똑한 게 문제라면 어떨까? 지금까지 지구에서 벌어진 다섯 번의 대멸종 사건은 모두 자연 현상 때문이었어. 하지만 다음에는 호모 사피엔스가 일으킨 문제 때문에 대멸종이 일어날 수도 있지. 지난 몇백 년 동안 우리는 더 편리하고 즐겁게 지내려고 수많은 변화를 일으켰어. 그 과정에서 핵무기, 전염병, 기후 변화 같은 새로운 위험이 생겨났지.

지금까지는 핵무기를 늘리지 않겠다고 나라끼리 약속하고, 백신을 맞고, 태양 에너지를 사용해서 문제가 커지지 않도록 막았어. 하지만 이런 방법이 언제까지나 통할까? 인간 문명이 만들어진 이후 수많은 생물이 엄청나게 빠른 속도로 멸종했고 지금도 계속되고 있어. 전부 우리가 벌인 일 때문이야. 인간이 모든 생물을 멸종으로 몰고 가는 게 아닐까?

여기서 대답하기 어려운 질문을 할게.

인간이 모두 사라져야 지구가 살 수 있다면 어떨까? 우리가 멸종하면 지구가 어떻게 될지 상상해 봐. 인간이 멸종하면 지구에 이로울까?

멸종한 생물이 하나도 없다면 어떨까?
만 년 전에 멸종한 검치호랑이에게 어떤 책을 읽어 주면 좋을까?

16. 왜 자살하나요?

라우라

라우라에게

  자살은 '터부'로 여겨지는 주제야. 터부는 사람들이 이야기하기 꺼리는 어려운 문제를 뜻해. 하지만 자살이라는 주제는 불편하더라도 이야기하는 게 중요해. 터부는 깨뜨려야 하거든.

  터부를 깨고 싶다면 우선 터부를 가리키는 말을 만들어야 해. "왜 자살하나요?"라고 질문하면서 '자살'이라는 단어를 쓴 것처럼 말이야. 그 말을 당당하게 이야기할수록 좋아.

  그다음으로는 자살이 무슨 뜻인지 분명하게 밝혀서 우리가 이야기하는 주제를 확실하게 알아야 해. 자살은 스스로 목숨을 끊는 행동을 말해.

  그림 속 뱀파이어는 1,000년 넘게 살다가 스스로 햇빛을 받아서 죽으려고 하고 있어. 왜 자살하려는 걸까? 이유를 상상해 보자. 너무 오래 살아서 피곤하고, 이미 무슨 일이든 모두 겪었으니 더는 할 일이 없다고 생각했을지도 몰라. 뱀파이어의 심정도 이해가 간다.

  하지만 현실은 달라. 우리는 뱀파이어가 아니잖아.

무슨 일이든 모두 겪었다고?
몇 년이나 살아야 무슨 일이든 모두 겪었다고 말할 수 있을까?
100년을 살면서도 1,000년을 살 때보다 더 많은 경험을 할 수 있을까?

견딜 수 없을 만큼 괴로워서 아무것도 자신을 도울 수 없다고 믿는 사람들이 있어. 스스로 목숨을 끊어야만 괴로움에서 벗어날 수 있다고 생각하지.

쉽게 고개를 끄덕일 수 없지? 뱀파이어가 자살하는 이유는 이해할 수 있지만 이번에는 여전히 의문이 들 거야.

"그래도, 대체 왜?"

자살하는 이유는 복잡해. 저마다 다른 이유로 자살하기 때문에 이번 질문에는 한마디로 대답할 수 없어. 오랫동안 고통받다가 끝내 자살을 선택하는 사람도 있고, 뚜렷한 이유 없이 목숨을 끊는 사람도 있지. 자살은 인간이 벌이는 일 가운데 가장 이해하기 어렵고 힘들어.

가까운 사람이 자살하면 너무나 답답하고 슬프겠지. 도무지 이해할 수 없어서 혼란스러워. 죄책감이 들거나 화가 나기도 해. 이런 감정이 드는 건 절대 이상한 게 아니야.

수많은 감정과 함께 여러 가지 질문도 떠올라.

자살을 막을 수는 없었을까? 내 잘못은 없을까? 왜 도움을 구하지 않았을까? 왜 이런 일이 나에게 벌어졌을까?

이런 질문에 대답하기는 무척 어려워. 하지만 하나는 확실히 답할 수 있어.

'내 잘못이 조금은 있을까?'

아니, 자살은 누구의 잘못도 아니야. 자살한 사람도 남겨진 사람도 그 누구도 잘못하지 않았어.

그럼 우리는 무엇을 할 수 있을까? 자살에 대해 터놓고 말해야 해. 터부를 깨면 사랑하는 사람을 자살로 잃은 사람들에게 힘을 북돋아 줄 수 있어. 또 자살을 생각하는 사람이 속마음을 숨기지 않고 꺼내도록 용기를 줄 수도 있지.

살아가는 내내 우리를 따라다니는 질문들이 있어. 우리는 그런 질문을 통해 우리 자신을 더 잘 이해할 수 있지. 라우라의 질문도 바로 그런 질문이야. 이 책을 읽는 사람들이 자살에 대해 대화를 시작할 기회를 열어 줘서 고마워.

혹시⋯⋯
아무런 희망이 없는 것 같아서 자살을 생각했다면 다른 사람에게 솔직하게 마음을 드러내고 도움을 구할 수 있다는 사실을 꼭 기억해.
주변에 자살을 고민하는 사람이 있다면 이 사실을 알려 줘.

17. 왜 죽은 사람을 땅에 묻어요?

앙헬

앙헬에게

  인간은 약 10만 년 전부터 시체를 땅에 묻기 시작했어. 왜 그랬을까? 죽은 사람을 묻으면 뭐가 좋을까? 엄마, 할머니, 할아버지, 사촌, 친구 등 다른 사람과 함께 고민해 봐도 좋아.

  이제 네가 생각한 이유가 맞을지 아니면 생각하지 못한 이유라서 깜짝 놀라게 될지 책을 계속 읽으면서 확인해 봐.

  일단 시체를 땅에 묻으면 확실히 숨길 수 있어. 눈에 띄지 않으니까 사랑하는 사람의 몸이 썩어 가는 모습을 보지 않아도 돼. 썩는 냄새가 퍼지는 것도 막을 수도 있고.

  먼 옛날을 떠올려 봐. 동물이 먹이를 찾다가 냄새에 이끌려 시체에 다가오곤 했을 거야. 땅에 묻으면 그런 일을 막고 시체를 보호할 수 있어. 산 사람들도 야생 동물을 맞닥뜨릴 걱정을 덜 수 있지.

  또 시체를 땅에 묻으면 집에 두지 않아도 돼. 시체와 함께 살고 싶은 사람은 없겠지? 산 사람과 죽은 사람이 함께 지낼 공간은 없어.

단지 공간이 부족하기 때문은 아니야. 산 사람과 죽은 사람을 따로 떼어 놓는 데에는 다른 이유도 있어. 옛날에는 시체가 썩으면서 병을 퍼뜨리는 가스를 내뿜는다고 생각했어. 전염병을 피하려면 시체를 묻는 게 가장 좋았겠지? 요즘에는 죽은 사람보다 살아 있는 사람이 훨씬 더 질병을 많이 옮길 수 있다는 사실을 알게 되었지만 말이야.

여러 종교에서는 죽은 사람이 돌아와서 산 사람에게 해를 끼칠 수도 있다고 믿었어. 으악! 역시 땅속에 묻는 게 훨씬 낫겠어.

고고학자들은 아주 오래된 무덤에서 시체를 눕힌 위치, 방식, 시체를 묻은 장소, 함께 묻은 물건을 살펴보면서 옛날 사람들이 죽은 사람을 계획적으로 신중하게 묻었을 거라고 결론 내렸어. 아마 죽음 이후의 새로운 삶에 대한 믿음과 관련 있을 거야.

죽고 나서 땅에 묻히기 싫으면 어떡해?
다른 방식을 고르면 돼. 가장 흔한 방법은 화장이야. 화장은 시체를 화장용 가마에 넣은 후 아주 높은 온도로 태우고 압력을 가해서 재로 만드는 거야. 이렇게 죽은 사람이 재가 되면 남은 가족은 그 사람이 가장 좋아하는 장소에 재를 뿌리기도 해. 하지만 보통은 재를 땅에 묻어.

여러 신화와 종교에서는 죽은 사람이 가는 '지하 세계'를 상상했어. 메소포타미아 신화 속 이르칼라, 이집트 신화 속 두아트, 그리스 신화 속 하데스의 지하 세계, 마야 신화 속 시발바처럼 말이야. 죽은 사람을 땅속에 묻으면 그 사람의 영혼이 지하 세계로 편하게 갈 수 있다고 생각했지.

마지막으로 가장 와닿는 이유를 설명할게. 죽은 사람을 땅에 묻으면 가족이나 친구가 무덤에 꽃이나 다른 선물을 가져가서 그 사람과 함께한 삶을 떠올리고 죽음을 슬퍼할 수 있어. 죽은 사람의 이름과 기억하고 싶은 문구를 새긴 묘비를 세워 추모하기도 하지.

보다시피 죽은 사람을 땅에 묻는 데에는 여러 이유가 있어. 혹시 다른 이유를 더 떠올렸니? 우아! 대단해!

18. 사랑하는 사람이 죽으면 얼마나 오랫동안 슬픈가요?

로레나

로레나에게

옆의 그림을 봐. 눈물이 욕조를 가득 채우고 있어. 흘러넘치기 전에 눈물을 그칠 수 있을까? 첨벙!

사랑하는 사람을 잃고 느끼는 슬픔은 사람마다 달라. 죽은 사람과 어떤 사이였는지, 평소에 그 사람과 늘 함께였는지가 중요하지. 그 사람이 언제 어떻게 죽었는지도 중요해. 이별을 예상했는지, 평온한 죽음이었는지에 따라 달라지기도 해.

그 사람이 죽었을 때 내가 몇 살이었는지도 영향을 줘. 2살 때 겪는 슬픔은 5살이나 12살, 80살에 겪는 슬픔과 달라. 슬픔을 드러내는 방식도 슬픔이 이어지는 기간도 다르지.

속마음을 터놓을 기회가 있는지도 중요해. 그림 속 악어처럼 마음을 알아주는 친구와 슬픔을 나눌 수도 있겠지. 우리는 사랑하는 사람을 잃은 괴로움을 저마다 다르게 겪고 표현해.

사랑하는 사람이 죽으면 처음에는 몹시 슬퍼. 하지만 그 슬픔은 점점 옅어져. 슬픔을 잊는 순간도 찾아오지. 시간이 가면서 사랑하는 사람을 잃었다는 사실을 받아들이면서 슬픔이 줄어들기도 해. 슬픔이 완전히 사라지진 않겠지만 슬픈 영화 속 주인공처럼 온통 슬픔에만 젖어 있지는 않을 거야. 우리는 사랑하는 사람을 기억하면서도 즐겁고 보람차게 살아갈 수 있어.

10번, 14번, 38번 전문도 같이 읽어 봐.

얼마나 오래 슬퍼해야 할까?
사랑하는 사람을 잃고 1년이 지났는데도 처음과 마찬가지로 너무나 슬프고 생활하기 어렵다면 치료를 받아 보는 게 좋아.

19. 죽음은 불행한 일인가요?

요한

요한에게

　가끔은 죽음이 운에 따라 결과가 정해지는 게임 같아. 한스 슈타이닝거라는 사람은 오스트리아 어느 도시의 시장이었어. 하지만 시장이라는 사실보다 황당한 죽음으로 더 유명해.
　슈타이닝거는 수염을 1미터 반이나 길렀는데 기다란 수염을 말아서 주머니에 넣고 다녔대. 그런데 1567년 어느 날 밤, 큰불이 나서 허둥지둥 도망가다가 헝클어진 수염에 발이 걸려 계단에서 떨어졌고 목이 부러져서 죽고 말았어. 정말 재수가 없지?
　아주 유명한 탐정 사무소를 차렸던 앨런 핑커턴은 또 어떻고? 핑커턴은 평생 온갖 산적과 도적에 맞설 정도로 강했는데 1884년 7월 1일에 갑자기 죽었어. 아내가 키우는 개의 목줄에 걸려 넘어졌는데 그때 혀를 너무 세게 깨물어 버렸거든. 어찌나 재수가 없었던지 하필 끔찍한 충치의 세균이 그 상처로 들어갔고 결국 죽고 말았어. 탐정이 이보다 더 황당하게 죽을 수 있을까?
　이렇게 기막힌 죽음이 아니더라도 죽음이 불행하게 느껴질 수 있어. 사고나 자연재해로 갑자기 죽는다면 운이 나빴다고 생각하겠지. 어린 나이에 죽으면 더욱 안타까운 마음이 들 거야. 아주 소중한 사람이 죽으면 죽은 나이에 상관없이 불행하게 느낄 수 있어.
　하지만 죽음 자체를 불행이라고 말할 수는 없어. 누구나 죽으니까 말이야. 죽음을 불행하다고 생각하는 건 죽음 때문에 마음이 너무 아프다는 뜻이 아닐까?

생각해 볼 만한 속담 세 가지!
개똥밭에 굴러도 이승이 좋다. 내일 죽어도 호상이다. 오는 순서는 있어도 가는 순서는 없다.

20. 왜 인도와 파키스탄에서는 죽은 사람에게 흰옷을 입히나요?

아피야

아피야에게

 놀랍게도 "왜 검은색은 죽음과 관련되나요?"라고 물은 친구가 있어. 아피야의 질문은 그 질문과 참 잘 어울리네. 죽음을 하얀색으로 생각하는 사람이 있는가 하면, 검은색으로 떠올리는 사람도 있다니, 정말 흥미로워.

 누군가가 죽으면 가족과 친구들은 '작별 인사'를 하기 위해 장례를 치러. 죽은 사람의 몸을 씻겨서 옷을 입히고, 밤새도록 관을 지키며 장례식을 치르고, 무덤에 음식이나 꽃을 가져다 놓고 갖가지 의식을 하지. 사랑하는 사람의 죽음을 슬퍼하는 걸 '애도'라고 하는데, 장례 의식은 애도를 표현하고 슬픔을 나누는 방식이야.

 세계 곳곳의 지역, 문화, 종교마다 고유한 장례 의식이 있어. 가족마다 따르는 전통이 있기도 해. 흥미로운 건 바로 색깔이야.

 아피야가 말했듯이 인도와 파키스탄에서 흰색은 죽음과 관련이 있어. 아시아의 여러 나라에서도 마찬가지야. 대부분 힌두교를 믿는 인도에서는 죽은 사람뿐만 아니라 장례식에 가는 사람들도 흰옷을 입지. 흰색은 색깔을 잃고 창백해지는 죽음을 상징해.

 하지만 인도 사람들은 죽음을 새로운 삶의 시작으로 여기기 때문에 흰색을 죽음에 깃든 순수함, 빛, 희망으로 보기도 해.

 한편 이슬람교를 주로 믿는 파키스탄에서는 죽은 사람에게 흰옷을 입히지만 장례식에 오는 사람들은 꼭 흰옷을 입지 않아도 돼. 보통 수수하고 어두운 색의 옷을 입지. 보석과 장신구를 피하고 가능하면 소박한 옷을 입는 게 예의라고 해.

반면 검은색이 죽음이나 애도를 의미하는 나라도 많아. 장례식에 참석하는 사람들은 죽은 사람과 남은 가족을 존중하는 마음으로 검은색이나 어두운 색 옷을 입어.

스페인과 이탈리아에서는 꽤 최근까지도 아내나 남편을 먼저 떠나보낸 사람이 한동안 '상복'을 입는 전통을 지켰어. 지금도 여전히 전통을 지키는 사람들이 있지. 애도를 나타내려고 검은 옷을 입는 거야.

왜 검은색일까? 검은색은 빛이 없어서 아무것도 볼 수 없는 색이잖아. 그래서 어둠, 미지, 고통, 죽음의 신비를 상징해.

검은색으로 애도를 나타내는 건 고대 로마 시대부터 시작됐어. 하지만 몇백 년이 흐르면서 죽음과 애도와 관련된 색도 바뀌었지. 종교뿐만 아니라 경제와 패션도 영향을 줬어. 중세 유럽에서는 주로 흰색이 슬픔을 나타내는 색이었어. 흰색 옷감은 다른 색으로 물들일 필요가 없어서 가장 싸고 구하기 쉬웠거든. 그런데 언젠가부터 부자들이 보라색 옷을 입고 장례식에 나타나더니 나중에는 검은색 옷을 입기 시작했지. 값비싼 염료로 물들인 옷감을 살 만큼 부자라는 걸 보여 주려던 거야. 이렇게 유행이 시작됐어.

흰색이나 검은색 말고 죽음과 관련된 다른 색깔은 없을까? 정말 많아! 가나의 아샨티족은 가족이 죽으면 빨간색과 검은색 옷을 입어. 장례식에 가는 손님은 검은색이나 흰색 옷을 입지. 노인이 죽어서 장례식을 치를 때 특히 흰색을 입는데 오래도록 존경스럽게 살아온 삶을 기린다는 뜻이야.

죽음과 관련된 색깔을 이야기할 때 멕시코를 빼놓을 수 없어! 멕시코에는 '죽은 자의 날'이 있어. 이날에는 죽은 사람을 기리는 제단을 마련하고 온갖 밝고 화려한 색깔로 꾸며. 주로 주황색, 보라색, 검은색을 쓰지만 흰색, 분홍색, 파란색, 초록색, 빨간색도 사용하지. 왜 이렇게 여러 가지 색깔을 쓸까? 색마다 의미가 다르거든. 주황색은 멕시코 신화에서 애도를 나타내는 색깔이야. 죽은 사람이 산 사람의 세상으로 돌아올 때 유일하게 볼 수 있는 색이기도 하지. 보라색은 가톨릭에서 애도를 표현하는 색깔이야. 분홍색은 산 사람이 죽은 사람과 다시 만난 기쁨을 의미해.

그런데 의미가 중요한 게 아니야. 화려하고 다채로운 색깔을 쓰는 자유로움과 흰색과 검은색만 고집하는 엄격함을 비교해 봐. 죽음에 대한 태도가 서로 달라서 흥미롭지 않니? 너는 죽은 사람에게 어떤 색깔 옷을 입히고 싶어?

21. 죽음은 어떤 모습이에요?

아만다

아만다에게

 죽음이 갑자기 나타날까 봐 걱정스럽다면 걱정하지 않아도 돼. 죽음은 형태가 없어. 죽음은 과정이나 상태일 뿐이야. 하지만 사람들은 옛날부터 죽음을 우리처럼 몸이 있는 존재로 상상했지.
 온갖 해골, 머리뼈, 커다란 낫을 든 죽음의 신, 천사, 검은 옷을 입은 가느다란 실루엣이 떠오르네. 옛날이야기, 전설, 그림, 책, 영화를 보면 죽음이 갖가지 모습으로 나타나지.
 고대 사람들은 꽃병, 파피루스, 무덤, 건물에 죽음을 그리거나 새겨 놓았어. 예술과 문화는 언제나 죽음을 표현하려고 했지. 종교나 관습에 따라서 죽음을 다양한 모습으로 상상했어. 죽음이 입고 다니는 옷도 가지각색이야.
 고대 로마에서는 운명의 세 여신으로 죽음을 나타냈어. 자매인 세 여신은 운명의 실을 잣고, 잡아 늘이고, 잘랐지. 크리스트교가 퍼지면서 죽음은 다른 모습을 갖게 되었어. 15세기부터는 커다란 낫을 들고 검은 망토를 두른 해골로 등장했지. 죽음의 신이 낫으로 사람들의 목숨을 거둬들인다고 생각했어.

대개 죽음의 신은 우울하고 어두운 모습으로 그려져. 어둠 속에서 나타나기도 하고, 전쟁이 터지거나 전염병이 돌 때처럼 혼란스러운 시기에 모습을 드러내기도 해. 무시무시하고 끔찍한 생김새야.

죽음의 신 말고 다른 모습도 많아. 먼 옛날 켈트족은 저승사자를 '안쿠'라고 불렀어. 머리가 돌아가는 해골의 모습을 하고 창백한 말이 끄는 수레에 시체를 가득 실은 채 돌아다녔대. 발트해 지역의 전설 속 길티네는 못생긴 노파야. 코는 길쭉하고 파랗고 혀에는 생명을 앗아가는 독이 있어. 아일랜드 민속에 등장하는 죽음의 요정 둘러한은 잘린 머리를 겨드랑이 아래에 낀 채로 말을 타고 달린대. 오싹해!

시간의 할아버지도 있어. 수염을 길게 기른 노인인데 낫 대신 모래시계를 들고 다녀. 때로는 날개 달린 모습으로 그려지기도 해. 죽음의 신과 함께 다니지만 어쩐지 친근하지. 시간의 할아버지는 삶이 끝났다는 걸 친절하게 알려 줄 것 같아.

죽음이라는 등장인물이 연극에 나온다면 앞에서 말한 것 중 어떤 모습이 좋을까? 새로운 생김새를 상상해도 좋아. 등장인물이 입을 옷까지 전부 생각해 봐. 어떤 모습이야?

여러 죽음 중에서……
전혀 무섭지 않고 친절해 보이는 죽음은 볼프 에를브루흐의 책
《내가 함께 있을게》에 나오는 죽음이야. 한번 읽어 보고 어땠는지 말해 줘!

22. 묘비는 어떻게 만들어요?

시라

시라에게

 옛날 사람들은 시체를 땅에 묻기 시작하면서 무덤 위를 무엇으로 덮을지 고민했어. 죽은 사람이 무덤을 박차고 나오면 안 되잖아. 시체를 노리는 동물이 무덤을 파헤쳐도 안 되고. 석회, 나뭇가지, 통나무 등 여러 가지 재료가 무덤을 덮는 데 사용됐어. 돌과 작은 바위도 당연히 쓰였어. 묘비가 왜 만들어졌는지 알겠지? 원래 묘비는 무덤을 막는 물건이었어.

 그런데 묘비에는 다른 역할도 있어. 옆의 그림을 보면 묘비가 똑바로 서 있지? 사람을 묻은 위치를 표시하는 거야. 그러면 무덤을 쉽게 찾을 수 있어. 산 사람들이 묘비를 보며 죽은 사람의 삶을 기억하고 죽음을 슬퍼하기도 하지.

 묘비는 어떻게 만들까? 먼저 돌을 크기에 맞게 자른 다음 조각하고 꾸며. 죽은 사람의 이름, 태어난 날짜, 죽은 날짜를 새기지. 옛날에는 석공이 손으로 글자를 쓰고 끌로 파낸 뒤 그 자리에 녹인 철을 부었어. 요즘에는 보통 기계로 글자를 새겨. 죽은 사람의 사진을 레이저로 새기는 경우도 있어. 얼굴을 새겨서 그 사람을 더 생생하게 추억하지. 묘비를 만들면 무덤으로 가져가서 땅에 세워. 화장하고 남은 유골을 봉안당에 모실 때 묘비를 함께 두기도 해.

17박, 20박, 38박 질문도 같이 읽어 봐.

23. 왜 죽은 사람을 못 보게 하나요?

페르난다

페르난다에게

 사랑하는 사람이 세상을 떠나서 마지막으로 얼굴을 보고 싶은데 어른들이 못 보게 한 적 있니? 어떤 기분이었어?

 죽은 사람을 보면 몸의 기능이 완전히 멈췄을 때 어떤 모습인지 아주 확실하게 알 수 있어. 어른들은 아이가 이런 광경을 보고 충격받을까 봐 걱정해서 죽은 사람을 보여 주지 않는 거야.

 죽은 모습을 보지 않으려는 어른들도 많아. 사랑하는 사람의 마지막을 움직이지도 않고 아무 말도 못 하는 모습보다 살아 있을 때의 모습으로 떠올리고 싶으니까 말이야.

 하지만 죽은 사람을 보면서 죽음을 더 잘 이해할 수 있다고 생각하는 사람도 많지. 이별을 받아들이는 데 도움이 되거든.

 사랑하는 사람의 시체를 전혀 안 보는 게 나을까? 아니면 상황에 따라서 다를까?

 네가 다른 시대, 다른 장소에서 태어났다면 죽은 사람의 모습을 이미 보았을지도 몰라. 옛날에는 장례식을 집에서 치렀고 어른과 아이 모두 죽은 사람에게 작별 인사를 했거든. 요즘에도 집에서 장례를 치르는 곳이 있어.

24번, 28번 질문도 같이 읽어 봐.

한편 마다가스카르에서는……
파마디히나 장례식을 해. 가족은 7년마다 조상의 무덤을 파서 시체를 깨끗하게 닦고 새로운 옷을 입혀. 음악에 맞춰서 춤을 추며 시체를 높이 들어 올렸다가 다시 땅에 묻고 7년을 기다리지. 아이들은 이 행사에 함께하면서 조상에 관해 배워.

24. 왜 사람들은 죽음에 관해 이야기하는 걸 불편해하나요?

마이클

마이클에게

 불편한 질문을 보내 줘서 고마워! 네 말이 맞아. 사람들은 죽음에 관해 이야기하는 걸 불편해해.

 죽음에 관해 말하는 게 쉽지는 않아. 괴로움, 불안함, 두려움, 슬픔 같은 감정을 불러일으키거든. 누가 그런 감정을 느끼고 싶겠니?

 그런데 흥미롭게도 죽음에 관해 이야기하면 그런 감정을 극복할 수 있어. 죽음을 더 잘 이해하고 걱정스러운 마음을 달랠 수 있거든. 죽음을 삶의 자연스러운 과정으로 생각해 볼까? 사랑하는 사람을 잃으면 기분이 어떨지, 장례식은 어떻게 치를지, 그 사람의 어떤 모습을 기억하고 싶은지 편안하게 이야기해 보는 거야.

 하지만 여전히 죽음은 사람들이 꺼리는 대화 주제야. 왜 그럴까? 언젠가 죽는다는 사실이 떠올라서 무섭기 때문일까? 죽음이 존재하지 않는 것처럼 무시하면 마음이 좀 편해질까? 아무 말도 꺼내지 않으면 죽음이 사라진다고 믿는 걸까?

 사람들이 이 책을 읽고 죽음에 관해서 자연스럽게 이야기할 수 있으면 좋겠어. 그럴 수 있을까?

경고!
죽음에 관해서 이야기해도 죽지 않습니다.

23면, 28면 절문도 같이 읽어 봐.

25. 죽음보다 더 나쁜 운명이 있나요?

알리

알리에게

그리스 신화를 보면 죽음보다 나쁜 것이 무엇인지 알 수 있어.

프로메테우스는 신만이 쓸 수 있던 불을 훔친 죄로 제우스에게 벌을 받았어. 바위에 쇠사슬로 묶인 채 날마다 독수리가 간을 쪼아 먹는 고통을 견뎌야 했지. 밤이 되면 간이 다시 자라나고 상처가 아물어. 그러면 또 독수리가 날아와서 간을 쪼는 거야. 영원히 고통에서 벗어날 수 없지.

탄탈로스도 자기 아들을 음식으로 만들어서 신들에게 대접했다가 벌을 받아. 제우스는 탄탈로스를 과일나무가 있는 연못 옆에 살게 했지. 탄탈로스가 과일을 따려고 손을 뻗으면 나뭇가지가 높이 올라가고, 목을 축이려고 하면 물이 사라져. 영원히 배고픔과 목마름에서 벗어날 수 없어.

고통스러운 삶보다 죽음이 낫다고 생각하는 친구도 있을 거야.

그런데 알리는 '운명'을 콕 집어서 물었잖아. 죽음은 모두의 운명이야. 우리가 언젠가 반드시 죽는다는 사실을 알고 살아간다는 건 어떤 의미일까?

죽음이 아닌 다른 운명이 있다면 우리 삶이 어떨지 상상하기는 어려워. 우리 삶이 영원하다고 생각해 봐. 더 좋을까? 아니면 더 나쁜 운명이 닥칠까? 죽음이나 영원한 삶 말고 다른 운명을 상상할 수 있니?

12번, 19번 질문도 같이 읽어 봐.

이런 속담이 있어.
'죽음에는 편작도 할 수 없다.' 천하의 명의인 편작이 와도 죽음은 피할 수 없다는 뜻이야.

26. 내가 죽으면 내 게임기는 어떻게 되나요?

가엘

가엘에게

 정말 현실적인 질문이구나! 사실 옛날 사람들도 비슷한 고민을 했어. 물론 그때는 게임기를 걱정하지 않았지.
 약 4,000년 전 이집트에 살았던 앙크렌의 유언장은 파피루스에 적힌 유언장 가운데 가장 오래된 것으로 꼽혀. 앙크렌은 자신의 물건을 전부 동생 우아에게 물려주겠다고 마음먹고 유언장을 썼어. 얼마 지나지 않아서 우아가 다시 유언장을 썼는데 형 앙크렌이 남긴 물건을 전부 아내에게 물려주겠다고 했지.
 이렇게 유언장이 이어지며 가엘의 게임기를 처리하는 문제까지 왔어. 앙크렌도 궁금했을 거야. 내가 죽으면 내 물건은 어떻게 될까? 누가 잘 보관해 줄까? 죽은 사람의 물건을 처리하는 규칙이나 전통이 있나? 잠깐, 내가 결정할 수는 없을까?
 유언장에 대해 생각해 보자. 유언장은 '마지막 바람'을 적어 놓은 법적 문서야. 누구에게 어떤 물건을 남길지 자세하게 쓴 거지. 죽은 사람이 남긴 물건은 '유산'이라고 하고 물건을 물려받는 사람은 '상속인'이라고 해. 가엘의 게임기도 유산이 되겠지.
 게임기의 운명은 가엘의 손에 달려 있어. 그런데 누구에게 줄지 어떻게 정하지? 게임기를 받으면 누가 가장 좋아할까? 누가 게임기를 받을 자격이 있을까?

대체로 남은 가족이 유산을 받아. 대부분의 나라에서는 유산을 자식이나 남편 또는 아내에게 물려줘야 한다는 법이 있어. 남편이나 아내가 없고 자식도 없다면 부모님이 받기도 해. 하지만 가족에게 유산을 전부 물려줄 필요는 없어. 가족이 아닌 다른 사람에게 유산을 남기기도 해.

포르투갈의 귀족 노로냐 카브랄 다 카마라는 어마어마하게 많은 재산을 전화번호부에서 무작위로 고른 70명에게 물려주겠다고 유언장을 썼어. 법적으로 아무 문제가 없는 유언장이어서 상속인 70명은 실제로 노로냐의 유산을 받았지. 노로냐는 독일의 영화감독 에른스트 루비치가 만든 영화 〈내게 백만 달러가 있다면〉을 보고 아이디어를 얻은 듯해. 영화에서도 비슷한 일이 벌어지거든.

유언장을 미리 쓰면 죽은 뒤에 일이 훨씬 수월해져. 죽은 사람의 뜻이 글로 적혀 있으니까 유산을 나눠 주기 쉽거든. 하지만 유언장이 없을 때도 있어. 갑자기 죽거나 재산을 어떻게 물려줄지 미처 결정을 내리기 전에 죽으면 유언장을 남기지 못해. 그럴 때는 법에 따라서 죽은 사람의 재산을 나누고 물려줘. 언제나 가장 가까운 가족이 유산을 받지.

유산을 물려줄 사람이 없을 때는 어떻게 할까? 그러면 자신이 사는 마을이나 도시, 자선 단체에 기부하기도 해. 유언장도 없고 가까운 가족이나 친척도 없다면 나라가 죽은 사람의 재산을 보관해.

앙크렌과 우아의 유언장에……
게임기에 관한 내용은 없어. 그런데 눈에 띄는 부분이 하나 있어. 앙크렌과 우아의 유언장에는 재산이 세 가지 종류로 나뉘어 있어. 부동산, 물건, 노예였지. 다행히도 시대가 변해서 오늘날에는 사람을 노예로 부리거나 다른 사람에게 유산으로 물려줄 수 없어. 대신 게임을 즐길 수 있지!

때때로 유산을 물려주는 일이 복잡해지기도 해. 죽은 사람이 누구인지 확실히 알 수 없을 때가 그렇지. 누군가가 실종되고 시신이 발견되지 않으면 판사가 그 사람이 죽었다고 인정해야 유산을 물려줄 수 있어. 결정이 나기까지 몇 년이 걸릴 수도 있지.

뭔가를 물려받는 건 참 흥미로워. 유산으로 백만장자가 된 상속인도 많아. 그런데 그거 알아? 빚도 물려받을 수 있어. 원하지도 않은 물건 때문에 돈을 내야 한다면 어떨까?

유산을 물려받는 데 돈이 너무 많이 들 수도 있어. 유산을 받는 게 오히려 손해라면 상속을 포기하면 돼. 받는 것도 생각보다 쉽지 않지?

게임기처럼 비싸지 않은 물건이라면 물려주기 쉬워. 이런 물건은 유언장이 필요 없어. 행복한 추억이 깃든 물건은 가족과 친구들이 나눠서 가질 거야. 어떤 물건을 누구에게 줄지 간단하게 메모를 남긴다면 도움이 되겠지.

34번 질문도 같이 읽어 봐.

27. 내가 곧 죽는다는 걸 어떻게 알 수 있어요?

엘로이

엘로이에게

똑똑똑!

누군가가 문을 세 번 두드려. 누구냐고 물어도 대답이 없어.

문을 열고 밖을 빼꼼 내다볼까? 이쪽저쪽을 살펴봐. 아무도 없어. 공포 영화 속 한 장면이라고 상상해 봐. 금방이라도 무서운 일이 닥칠 것만 같아. 이런 게 바로 죽음이 코앞에 다가왔다는 신호일까?

죽음의 징조, 그러니까 죽음을 알리는 신호는 아주 먼 옛날부터 있었어. 오늘날에도 쉽게 찾아볼 수 있지. 당연히 공포 영화에도 나와. 죽음의 징조는 무섭고 불안해.

암탉이 수탉처럼 꼬끼오 하고 우니? 검은 고양이가 자정에 야옹거려? 침대에서 부엉이 울음소리가 들리니? 멀쩡하던 시계가 뜬금없이 멈추거나 몇 년 동안 멈춰 있던 시계가 갑자기 다시 움직이기 시작해? 벽에 걸린 거울이 떨어졌어?

전부 누군가가 곧 죽는다는 징조로 여겨진 현상이야!

다가오는 죽음을 알아차리는 건……
사람마다 달라. 예민하고 관찰력이 뛰어난 사람도 있지만 주변에 별 관심이 없는 사람도 있거든.

때로는 누군가가 죽음이 찾아오는 날짜를 꽤 정확하게 예언할 때도 있어. 이틀 후, 일주일 후, 지구가 태양 주위를 다시 한 바퀴 돌기 전 이런 식으로 말이지. 하지만 보통은 그저 죽음이 곧 닥칠 거라고만 말해. 정확한 날짜를 알려 주는 예언과 두루뭉술한 예언 중 어떤 게 더 나쁜지 모르겠네.

어떤 사람들은 속임수를 써서 죽음의 징조를 피하면 죽음을 막을 수 있다고 해. 암탉이 수탉처럼 울면 새벽이 되기 전에 그 닭을 찾아서 죽이면 무사할 거라고 믿는 거지.

죽음의 징조가 정말 있을까? 요즘은 이런 믿음을 미신이라고 생각해. 과학적인 근거가 없거든.

엘로이의 질문을 좀 더 깊이 생각해 보자. 우리는 자신이 곧 죽는다는 사실을 알 수 있을까? 현대의 의학 지식으로 답을 찾으려고 하면 답이 너무나 많을 거야. 사람마다 다르게 죽고, 죽기 전에 느끼는 감정도 다르니까.

갑자기 죽는다면 죽음을 미리 알아차리기 어려워. 하지만 병에 걸렸다면 언제 죽을지 예상하기도 하지. 불치병을 앓는 환자가 삶의 마지막 순간에 고통을 덜 느끼도록 돕는 치료를 '완화 치료'라고 해. 완화 치료를 전문으로 맡는 의사들은 환자가 죽기 며칠 전, 심지어 몇 주 전부터 죽음이 가까워졌다는 걸 알아차린대.

어떤 점이 눈에 띄는 걸까? 우선 걷기도 힘들 만큼 몸이 약해진대. 몸을 뒤척이거나 물을 마실 때조차 다른 사람의 도움이 필요하지. 잠자는 시간도 늘어나서 의식이 흐려지고, 가끔 헛것을 보거나 환청을 듣기도 해. 결국 제대로 먹지도 마시지도 못하고 약도 삼키지 못하지. 혈압이 떨어지면서 줄곧 잠에 빠져서 지내게 돼. 전부 죽음이 코앞까지 다가왔다는 신호야.

이런 변화가 모두에게 나타나는 건 아니야. 건강 상태나 질병에 따라 다르지. 앞서 말한 증상을 겪는다고 해서 반드시 죽는다는 뜻도 아니야. 죽음과 상관없이 같은 증상을 겪을 수 있어.

죽어 간다는 사실을 알려 주는 증상 중에는 고통스럽고 불편한 것들이 많아. 메스껍고 여기저기 아프고 숨쉬기 어려워지지.

그럴 때 약과 치료가 고통을 덜어 줄 수 있어. 완화 치료 덕분에 죽음이 다가온다는 사실을 알아차리더라도 평화롭게 죽음을 맞이할 수 있을 거야.

28. 죽음은 무서운가요?

크리스티안

크리스티안에게

 죽음이 너무나도 무서워서 말조차 꺼내지 못하는 사람들이 있어. 듣고도 못 들은 체하고, 대화 주제를 바꾸고, 안전하다고 느낄 때까지 숨지.
 죽음이 무서울 만도 해. 죽으면 무슨 일이 일어나는지 아무도 모르니까. 이건 가장 불확실한 문제잖아. 불확실하면 두려움도 커지기 마련이야. 세상을 이해하고 싶지만 죽음만큼은 완전히 이해할 수 없어. 적어도 살아 있는 동안은 말이야.
 언제 어떻게 죽을지 불확실하다는 사실도 두려워. 아무것도 모르니까 상황을 통제할 수도 없잖아. 예측할 수 없는 상황 속에서 살아가는 건 참 힘들어.

죽음 이후에 새로운 삶이 있다고 믿더라도 마음 한구석에는 늘 불안함이 남아 있어. 내가 세상에서 사라진다고 생각하면 너무 무서워.

죽어서 천국이나 지옥에 간다고 믿는다면 그동안 올바르게 살았는지 걱정될 수도 있어. 천국과 지옥이 없다고 생각해도 여전히 불안할 거야.

우리가 죽고 나서 남겨질 사람들 때문에 죽음이 두렵기도 해. 우리 없이 다들 잘 살아갈 수 있을까?

반대로 사랑하는 사람이 죽을까 봐 두려워할 수도 있어. 그 사람이 없는 삶을 상상하기도 싫잖아. 그 사람이 없으면 어떻게 해야 할까? 목소리를 잊지 않으려면 뭘 해야 할까? 혼자 남겨진 삶은 어떨까? 얼마나 괴로울까?

하지만 가장 무서운 건 죽음 그 자체일 거야. 죽을 때 어떤 느낌일까? 아플까? 오래 걸릴까? 저세상으로 갈 때 함께할 좋은 친구가 있을까? 죽어 가는 게 느껴질까?

나이가 들면서 죽음에 대한 두려움이 줄어드는 사람들도 있어. 적어도 자기 자신의 죽음에 대해서는 덜 걱정해. 조금 이상하게 들리지? 나이가 들수록 죽음이 가까워지니까 더 무서울 것 같잖아. 하지만 오히려 죽음이 가까워질수록 삶이 끝난다는 생각을 더 편안하게 받아들이는 것 같아.

물론 한결같이 무서워하는 사람도 있어. 어쨌든 사람들은 대부분 죽음에 대한 두려움을 짊어지고 살아가지.

죽는 게 너무 두려워서 일상생활에 어려움을 겪을 정도라면 문제가 될 수 있어. 머리 위로 화분이 떨어져서 죽을까 봐 집 밖으로 못 나간다고 생각해 봐. 이렇게 지내고 있다면 도움을 구해야 해.

하지만 죽음에 공포와 호기심을 느끼는 건 당연해. 죽음에 관해 이야기하는 것까지 무서워할 필요는 없어. 오히려 죽음이 왜 무서운지 대화하면서 속마음을 털어놓는 게 두려움을 이겨 낼 유일한 방법이야.

죽음이 감정을 가진 존재라면 어떨까? 죽음은 무엇을 무서워할까?

21먁, 23먁, 24먁, 27먁 질문도 같이 읽어 봐.

29. 독을 먹고 죽으면 어떤 느낌인가요?

페르난도

페르난도에게

독을 먹어 보지 않아도 이 질문에 대답할 수 있어서 다행이야. 독의 종류와 양, 독에 노출되는 방식에 따라서 죽을 때 다른 느낌이 든대.

가장 중요한 건 독의 양이야. 몇 방울만 먹어도 죽을 만큼 위험한 독도 있지만 아주 많이 먹어야 해로운 독도 있거든. 그래서 독을 쓸 때는 '치사량'을 알아야 해. 치사량은 어떤 물질이 생명을 죽음에 이르게 하는 데 필요한 최소한의 양이야.

어떻게 독에 노출되는지도 중요해. 혀로 핥기만 해도 죽음에 이르는 독이 있고 주사기로 찔러야 효과 있는 독도 있거든.

독의 종류에 따라서 증상도 아주 달라. 어떤 독은 끔찍한 통증, 발작, 현기증, 경련을 일으켜. 먹으면 갑자기 풀썩 쓰러지거나 심장이 멎는 독도 있어. 알아차리지 못하는 사이에 서서히 죽는 독도 있지. 완전 범죄가 가능해!

하지만 독 때문에 문제가 되는 경우는 대부분 의도치 않은 사고야. 게다가 주로 집에서 일어나지. 독이 있는 코브라, 타란툴라, 장수말벌이 집에 숨어 있는 게 아니야. 흔한 표백제 같은 가정용 세제나 약이 진짜 문제지. 세제나 약통에서 '어린이의 손이 닿지 않는 곳에 보관하세요'라는 경고 문구를 본 적 있지? 독으로 인한 사고를 막기 위해서야.

6면, 27면, 36면 질문도 같이 읽어 봐.

알고 있니?
많이 먹으면 죽을 수 있을 만큼 위험한 독도 아주 조금만 먹으면 몸에 이로워. 심지어 병을 고치는 데 쓰이기도 해.

30. 잠자는 동안 내가 죽었는지 아닌지 어떻게 아나요?

시안

시안에게

 꿈은 현실과 상상이 뒤섞여 있어. 잠든 상태에서 내가 무엇을 알고 있는지 확인하는 건 참 어려워.
 잠자고 있을 때 내가 죽었는지 알려면 깨어날 때까지 기다릴 수밖에 없겠지. 깨어난다면 그저 잠들어 있었을 뿐 죽지 않은 게 확실해. 그런데 깨어나지 못한다면?
 이번에도 비슷한 질문을 한 친구가 있어.
 "밤에 죽었다가 아침에 다시 살아나는 거 아니에요?"
 더 어려운 질문이야!
 오늘 밤에 잠잘 때 살아 있는 게 확실한지 확인해 달라고 다른 사람에게 부탁해 봐.
 어떻게 확인하지? 잠든 사람에게 가까이 다가가서 숨을 쉬는지 보면 돼. 입과 코, 가슴이 가볍게 움직이고 숨소리가 나는지 살펴봐. 호흡이 느껴지지 않는다면 손목을 짚고 맥박을 느끼거나 가슴에 귀를 대고 심장이 뛰는지 들어 봐. 심장 박동도 느껴지지 않는다면 마지막 방법은 꼬집기야.
 세게 꼬집으면 잠자던 사람이 벌떡 일어날 거야. 진짜로 죽었다면 아무리 세게 꼬집어도 깨어나지 못할 테니까 말이야.

그림을 자세히 살펴봐.
곰 인형이 뱀파이어를 꼬집으면 다시 살아날 수 있을까?

잠과 죽음은 전혀 달라. 하지만 사람들은 수천 년 동안 둘을 연결 짓고 상상을 펼쳤어. 그리스 신화에서 잠의 신 히프노스와 죽음의 신 타나토스가 쌍둥이 형제인 건 우연이 아니야. 여러 종교에서 죽음을 '영원한 잠'이라고 불러. 누가 죽으면 '편히 잠들다'라고 말하기도 하지.

《잠자는 숲속의 공주》나 《백설공주》처럼 주인공이 100년 동안 잠들었다가 깨어나는 동화가 만들어진 것도 놀랍지 않아. 되살아난 시체, 뱀파이어, 좀비에 관한 이야기도 많잖아. 잠과 죽음의 관계는 흥미롭고 불안하면서도 호기심을 자극해.

왜 우리는 잠과 죽음을 하나로 묶어서 상상하는 걸까? 잠과 죽음에는 공통점이 있어. 몸이 움직이지 않는다는 거야. 죽으면 몸이 자극에 반응하지 않아. 잠잘 때도 몸이 휴식 상태에 들어가서 꽤 오랫동안 움직이지 않지. 깊이 잠들면 바깥에서 자극을 줘도 거의 반응하지 않고, 깨어나기가 어려워. 엄청 세게 꼬집어야 겨우 일어날걸.

잠잘 때 몸이 거의 움직이지 않는 것 같아도 사실은 움직이고 있어. 우리 몸은 쉬는 동안에도 열심히 움직인다는 걸 잊지 마. 진짜로 죽었을 때만 움직임이 멈춰.

또 다른 공통점은 어둠이야. 우리는 죽으면 점점 어둠 속으로 빠져든다고 생각해. 그런데 자려고 눈을 감을 때도 똑같잖아. 세상이 사라져. 아니, 우리가 사라져!

태어난 지 얼마 안 된 아기가 되었다고 상상해 봐. 아기는 몇 달 동안 눈에 보이는 것만 세상에 존재한다고 믿어. 눈에 보이지 않으면 세상에 없는 거야. 그러면 눈을 감고 잠들 때 정말 무섭겠지.

"세상이 끝난 거야? 내가 없어지는 거야?"

으앙! 울음을 터뜨리겠지. 그때 눈에 보이지 않는 세상에서 자장가와 소곤거리는 목소리가 들려와. 아기는 그 소리에 귀를 기울이다가 잠에 빠지고 내일 눈을 떠서 다시 그 세상을 볼 거야.

참 다행이지? 잠은 영원히 이어지지 않아. 우리는 깨어날 테고 누가 꼬집지 않아도 쉽게 일어나지. 죽는다면 다시 깨어날 수 없어. 물론, 좀비로 변한다면 다시 깨어나겠지만 말이야.

31. 언젠가 죽는다면 삶에 무슨 의미가 있나요?

루스 마리

죽지 않는다면 삶에 무슨 의미가 있을까?

루스 마리에게

   죽지 않고 영원히 살아야 삶의 의미가 있다고 생각하는구나? 그러면 이렇게 물어볼게. 영원함은 삶에 어떤 의미를 줄까? 죽으면 왜 삶의 의미가 사라질까?

   그림 속 뱀파이어를 봐. 뱀파이어는 언젠가 죽어야 삶이 의미 있다고 생각하는 것 같아. 뱀파이어한테도 물어보고 싶어. 죽음은 삶에 어떤 의미를 줄까? 영원히 살면 왜 삶의 의미가 사라질까?

   루스 마리의 질문과 뱀파이어의 질문은 정반대인 것처럼 보이지만 사실은 똑같아. 삶은 대체 뭘까? 우리는 왜 사는 걸까?

   세상에 영원한 것은 없고 우리도 언젠가 죽을 거라고 생각하면 삶이 결국 아무 의미도 없는 것처럼 느껴질 수 있어. 열심히 살아 봤자 무슨 소용이겠어? 하지만 인생이 언젠가 끝나기 때문에 오히려 삶을 도전으로 받아들일 수도 있지. 우리에게 주어진 짧은 시간 안에 삶의 의미를 찾아낼 수 있지 않을까?

   크고 대단한 의미보다 작지만 소중한 의미를 생각하는 게 더 쉬워. 죽기 전에 하고 싶은 일 10가지를 생각해 봐.

삶의 의미에 대해서 생각해 보자.
사람의 삶은 파리의 삶보다 더 의미 있을까? 위대한 과학자의 삶은 우리 삶보다 더 의미 있을까? 삶에 의미를 주는 것은 무엇일까? 시간이 흐르면 바뀔까? 다른 사람들은 어떤 것에서 삶의 의미를 찾을까? 삶의 의미를 꼭 찾아야 할까?

32. 앞으로 사람을 되살리는 기계가 발명될까요?

누리아

누리아에게

14세기에 사는 누리아가 똑같은 질문을 던졌다고 상상해 보자.

"앞으로 사람을 되살리는 기계가 발명될까요?"

과거의 누리아는 타임머신을 타고 미래로 날아왔어. 바로 지금, 21세기에! 과거의 누리아가 살던 집이 있던 자리에는 이제 큰 병원이 들어섰어. 누리아는 수술실로 들어가서 의사가 심장이 멈춰서 죽은 것처럼 보이는 환자에게 제세동기로 전기 충격을 주는 모습을 보고 있어. 응급 처치 덕분에 환자는 다시 살아나. 이 광경을 보고 누리아가 외쳐.

"저 기계는 뭐지?"

어쩌면 미래까지 기다릴 필요가 없지 않을까? 사람을 되살리는 기계는 이미 존재할지도 몰라.

14세기의 사람들은 심장이 멈추면 죽었다고 생각했어. 그런데 몇백 년이 지나고 18세기가 되자 심장이 멎어서 죽은 것처럼 보이더라도 죽지 않았을 수도 있다는 사실이 밝혀졌어. 특히 물에 빠져서 숨을 쉬지 않는 사람들이 그랬지. 온몸을 문지르며 마사지하거나 때리기, 자세 바꾸기, 차가운 물 뿌리기, 거꾸로 매달아서 폐로 들어간 물 빼내기 등 여러 방법을 사용하면 쓰러진 사람이 '부활'할 수 있었어. 물에 빠진 사람들을 되살리려고 했던 시도 중에는 믿기 어려운 것도 있어. 달리는 말에 사람을 묶고 말의 움직임으로 심장을 마사지해서 숨을 쉬게 한 적도 있대. 항문에 관을 꽂고 담배 연기를 불어 넣어서 몸을 따뜻하게 데우는 방법도 있었지.

  19세기에 이르면 숨 쉴 때 공기가 지나가는 기도를 열고, 심장을 마사지하고, 폐에 공기를 불어 넣는 인공호흡 기술로 담배 연기 없이도 죽은 것처럼 보이는 사람을 되살릴 수 있었어. 이런 방법은 오늘날 '심폐 소생술'이라고 불리는 기술로 발전했어.

  사람을 되살리는 기계도 많이 발명됐어. 1903년에 발명된 생체 전동기는 심장과 폐가 멈춘 사람을 되살리는 인공호흡 장치였어. 심장에 약한 전기 충격을 줘서 정상적으로 뛰게 만드는 장치인 제세동기도 발명됐어. 1947년에 외과 의사 클로드 벡은 수술 후 심장 마비가 온 14살 환자를 제세동기로 다시 살려 냈지. 제세동기로 사람을 살리는 데 성공한 최초의 사례야.

클로드 벡이 사용한 제세동기는 21세기를 여행하는 누리아가 본 제세동기와 달랐어. 환자의 가슴을 열고 심장에 직접 사용해야 했거든. 가슴을 열지 않고 피부를 통해서 심장에 전기 충격을 주는 제세동기는 나중에 나왔어. 시간이 지나면서 무거운 제세동기는 구급차에 싣고 다닐 수 있는 휴대용 장비로 발전했고 더 많은 생명을 구했어. 요즘에는 공공장소에서 언제든 휴대용 제세동기를 찾아볼 수 있어. 심지어 의사의 도움이 없어도 쉽게 사용할 수 있지.

새로운 지식과 기술은 죽음을 판단하는 기준을 완전히 바꿔 놓았어. 그러니 심장이 멈췄다고 해서 반드시 죽었다는 뜻은 아니야.

지금은 뇌가 활동을 멈춰야 죽었다고 판단해. 뇌의 기능이 완전히 멈추는 과정은 빠르게 일어나고 절대 되돌릴 수 없어. 뇌가 멈추는 과정을 늦추거나 되돌릴 방법을 찾을 수 있을까? 미래의 과학 기술이 죽음을 판단하는 기준을 새롭게 바꿀까? 알게 되려면 시간이 필요하겠지.

상상해 봐.
석기 시대에 살았던 사람을 되살려 놓는다면 과연 지금 세상에 잘 적응할 수 있을까? 클레오파트라를 되살려서 코가 얼마나 높은지 확인할 수 있을까? 증조할머니를 되살려서 할아버지가 어릴 때 어땠는지 물어보면 어떨까? 먼 옛날의 작가들을 되살려서 책에 사인을 받으면? 14세기 작가가 새롭게 사인한 책은 비싸게 팔릴까? 되살리고 싶은 사람이 있니?

33. 동물이 많이 아프면
주사를 놓아서 죽이기도 하는데
왜 사람한테는 그렇게 하지
않나요? 　마르크

마르크에게

반려동물이 몹시 아픈데 치료할 수 없는 병에 걸렸다면 더는 괴롭지 않도록 빠르고 고통 없이 죽이는 경우가 많아. 동물에게는 '안락사'가 허용되기 때문이야. 안락사는 '편안한 죽음'이라는 뜻이지.

편안한 죽음이라고? 죽음이 정말 편안할 수 있을까? 사람들은 보통 더 나은 죽음이 있다고 생각해. 그래서 안락사 제도가 생겼어. 너무 괴로운 죽음 대신 편안하거나 덜 힘든 죽음을 맞도록 도와주는 거야. 동물을 가엾게 여기는 마음으로 안락사를 결정하는 거지.

그러면 사람도 똑같이 불쌍하게 여겨서 안락사시키면 안 될까?

동물이 하는 안락사와 사람이 하는 안락사는 다른 문제야. 동물 안락사는 반대하는 사람도 있지만 대체로 널리 받아들여져. 하지만 사람 안락사는 찬성과 반대가 훨씬 팽팽하게 대립해. 안락사를 비판적으로 바라보며 반대하는 사람이 많지. 그래서 거의 모든 나라에서 사람에게 주사나 약물을 사용해 죽게 하는 '적극적 안락사'를 금지해. '소극적 안락사'를 금지하는 나라도 있어. 소극적 안락사는 치료를 중단하는 거야. 심각한 병을 앓거나 불치병에 걸린 환자를 살리는 치료를 하지 않는 거지. 적극적 안락사와 소극적 안락사 모두 허용하는 나라도 점점 늘고 있어. 안락사가 가능한 곳에서는 병을 고칠 희망이 없는 환자가 의사에게 안락사를 요청할 수 있지.

34. 왜 어떤 사람들은 죽으면 다른 사람에게 장기를 주나요?

나탈리

나탈리에게

다른 사람을 돕는다고 하면 보통 돈이나 물건을 준다고 생각하잖아. 그런데 우리 몸의 장기를 준다면 어떨까? 공상 과학 소설 같지?

장기를 꺼내서 다른 사람 몸에 넣는 게 그렇게 쉬울까? 물론 결코 간단하지 않아. 우리 몸은 자기 것이 아닌 장기가 들어오면 침입자라고 여겨서 공격하거든.

그래서 서로 잘 맞는 장기가 필요해. 거부 반응을 막는 약이 개발되기 전까지는 장기 이식 수술이 성공하지 못했어. 하지만 예외도 있어. 1954년에 미국 보스턴에서 쌍둥이 한 명이 다른 한 명에게 신장을 이식해 줬어. 다른 사람들과 달리 이번에는 수술이 성공해서 둘 다 살아났어. 쌍둥이라서 거부 반응이 없었지.

뇌사자의 장기를 이식할 때는 인공호흡기가 아주 중요한 역할을 해. 인공호흡기 덕분에 계속 산소를 불어 넣어서 장기를 살려 둘 수 있거든. 건강한 사람이 죽으면 의사들이 아직 살아 있는 장기를 빠르게 꺼내서 다른 사람의 몸에 이식할 수 있어.

다른 사람한테 줄 수 있는 장기는 뭐가 있을까? 정답은 신장 2개, 간 1개, 심장 1개, 폐 2개, 췌장 1개, 장 1개야. 모두 8개나 줄 수 있지.

장기를 기증하면 다른 사람에게 생명을 선물하는 거야. 그래서 많은 사람이 죽고 나서 장기를 기증하겠다고 마음먹어. 내 몸의 일부가 다른 사람의 목숨을 살린다고 생각하면 좋지 않아?

또 다른 질문!
내가 다른 사람에게 장기를 주면 그 사람도 어느 정도 '내'가 되는 걸까?
반드시 장기를 기증해야 할까? 그렇게 생각한 이유는 뭐야?

35. 죽는 날짜가 어딘가에 적혀 있나요?

루카스

루카스에게

이 질문을 읽자마자 수많은 질문이 떠올랐어.

죽는 날짜가 적힌 장소가 있다면 어떤 곳일까? 외딴 산속의 동굴일까? 아니면 도시 한가운데의 커다란 사무실일까? 지구에 사는 온갖 생명체가 죽는 날짜를 기록해 놓은 장소가 있을까? 누가 썼을까? 어떻게 알았을까? 언제 죽을지 안다면 어떨까? 내가 죽는 날짜가 적힌 곳이 있다면 그곳에 가고 싶을까? 그날 죽는다는 걸 믿을 수 있을까?

옛날 사람들도 루카스처럼 죽는 날짜가 적힌 장소를 상상했어. 태어나는 순간부터 죽는 순간까지 일어날 모든 일이 미리 정해져 있다고 믿었거든. 이걸 '운명'이라고 해. 아주 먼 옛날부터 전 세계의 여러 종교에서는 운명이 정해져 있다고 믿었지.

그리스와 이집트에는 신에게 선택받은 무당이나 사제가 미래를 보거나 신의 뜻을 전달하는 '신탁'이 있었어. 사람들은 갖가지 문제를 어떻게 해결하면 좋을지 알고 싶어서 신탁을 찾았어. 누구와 결혼하면 행복할지, 자식을 낳을 수 있을지, 사업이 성공할지 등을 물었지. 물론 자기가 언제 죽는지도 물었어.

신탁은 구체적인 날짜나 정보는 알려 주지 않았어. 무당이나 사제가 전하는 예언은 풀기 어려운 수수께끼 같았지. 미래를 너무 정확하게 알려 주면 위험하기 때문일까? 아니면 신탁이 틀려서 곤란해질까 봐 일부러 그러는 걸까?

현대에도 간절하게 미래를 내다보고 싶어 하는 사람들이 많아. 점집을 찾아가서 손금이나 카드를 보고 미래를 점치잖아.

하지만 현재의 과학과 기술로도 미래를 확실하게 알려 주는 수정 구슬이나 기계를 발명하지는 못했어. 그러니까 딱 잘라서 대답할게. 우리가 언제 죽는지 적어 놓은 곳이 있냐고? 아니. 죽는 날짜를 적어 놓은 곳은 어디에도 없어.

병에 걸렸다면 의사가 환자 상태를 보면서 언제 죽음을 맞을지 대략 알 수 있어. 하지만 대체로 우리는 우리의 마지막 날을 알 수 없어.

그렇다고 아무것도 모르는 건 아니야. 수명에 대한 통계는 있지. 보통 여자가 남자보다 평균적으로 5~6년 정도 더 오래 살아. 모나코처럼 정치와 사회가 안정적이고 잘사는 나라에서 태어난 사람은 평균 87세까지 살 수 있어. 반대로 차드처럼 자연재해 때문에 매번 옮겨 다니며 가난에 시달리는 나라에서는 평균 수명이 55세에 불과하지.

이런 이야기 들어 봤어?
원숭이의 왕 손오공은 삶과 죽음의 책에서 세상 모든 원숭이의 이름을 지워 버렸어. 결국 어떻게 됐을까? 궁금하다면 16세기 중국 소설 《서유기》를 읽어 봐. 이 소설을 바탕으로 만든 만화나 애니메이션을 봐도 좋아.

같은 나라라도 부유한 집에서 태어난 아이가 가난한 집에서 태어난 아이보다 평균적으로 더 오래 살아. 같은 나라에서 태어나고 재산이 비슷하더라도 식습관과 운동 습관 역시 수명에 영향을 주지.

　세계 보건 기구는 이런 요소들과 전 세계의 출생과 사망 정보를 살펴보고 해마다 각 나라의 '기대 수명 지수'를 발표해. 기대 수명은 어떤 사회에서 사람이 태어났을 때 앞으로 살 수 있을 것으로 예상되는 수명이야. 죽는 날짜를 적어 놓은 글이 있다면 세계 보건 기구의 '기대 수명 지수'와 가장 비슷할 거야.

　시간이 흐를수록 기대 수명이 늘어나고 있어. 스페인에서 1957년에 태어난 사람의 평균 수명은 67살이었어. 그런데 해마다 기대 수명이 늘어나서 지금은 19년을 더 살 수 있게 됐어. 80살이 되면 기대 수명이 다시 90살로 늘어나 있을 거야.

　죽는 날짜가 태어나는 순간에 정해지지는 않아. 어떤 일을 겪는지, 어떻게 살아가는지가 수명에 영향을 미치거든. 살면서 사고를 당하거나 병에 걸리기도 하잖아.

　죽는 날짜가 적힌 동굴이나 사무실에서 일하는 불쌍한 직원을 상상해 봐. 해마다 죽는 날짜 수백만 개를 바꿔야 할걸!

7번, 8번 질문도 같이 읽어 봐.

36. 목을 자르면 몸이 머리 없이 뛴다는 게 정말인가요?

미셸

미셸에게

 죽음에 관해 떠도는 이야기는 정말 많지. 우리가 죽은 후에도 손톱과 머리카락이 계속 자란다는 말 들어 봤어? 잘린 머리가 말하거나 놀란 표정을 짓는다는 말은? 미셸이 질문한 대로 머리가 잘린 몸이 머리 없이 뛸 수 있다는 말도 있어. 갑자기 궁금해지네. 머리 없는 몸이 달리기 시합에서 1등을 한다면 잘려 나간 머리는 기쁜 표정을 지을까?

우리 주변에는 죽음을 둘러싼 괴상하고 소름 끼치는 이야기가 가득해. 밤에 모닥불 옆에 앉아서 들려주기에 딱 알맞지. 오해 때문에 생겨난 이야기도 있어. 우리가 죽은 후에도 머리카락, 수염, 손톱이 자란다는 이야기가 그래. 실제로는 죽은 후에 피부가 마르면서 오그라들기 때문에 피부 아래에 있던 머리카락과 손톱이 드러나 더 길어 보이는 거야. 새로 자란 것처럼 보이지만 사실은 아니야.

머리가 잘려도 몸이 뛰어다닌다는 이야기는 또 어떻고? 20세기 중반에 살았던 마이크는 머리가 잘린 후에도 1년 반이나 더 살아 움직였어. 머리 없이 달릴 뿐만 아니라 먹고 자고 심지어 놀이공원의 스타가 되어 사람들이 마이크를 보려고 멀리서 찾아올 정도였지.

사실 마이크는 사람이 아니라 닭이야. 우연이 여러 번 겹치면서 이런 기적이 일어났지. 마이크를 기르던 농장 주인 올슨 부부는 어느 날 마이크를 구워서 저녁으로 먹으려고 했어. 올슨 아주머니가 목살을 좋아해서 올슨 아저씨는 최대한 머리 위쪽으로 도끼를 내리쳤어. 그런데 기가 막히게 마이크의 부리, 눈, 귀가 한쪽씩만 잘렸지. 닭은 뇌가 머리 뒤쪽에 있거든. 그래서 머리가 조금 잘렸지만 뇌가 상당히 많이 남아 있었어. 심장 박동과 호흡, 소화를 담당하는 뇌 부위도 멀쩡했어. 상처의 피가 금방 굳은 덕분에 죽을 만큼 피가 뿜어 나오지도 않았지.

머리가 잘린 닭이 아무 일도 없다는 듯 다시 일어나서 뛰어다니는 모습을 보고 올슨 부부는 이 닭을 애완동물로 키우기로 결심했어. 부부는 마이크의 기도, 그러니까 숨 쉴 때 공기가 지나다니는 길로 먹이를 떨어뜨려 줬어. 덕분에 마이크는 머리 없이도 살을 찌우면서 계속 자랄 수 있었지. 잘 생각해 보면 정말 무서운 이야기야!

그런데 미셸은 머리 없는 닭이 아니라 머리 없는 사람에 관해서 알고 싶은 거지? 마이크 같은 사람을 상상해 봐. 머리 없이 1년 6개월이나 살 수 있을까? 아니, 사람은 그럴 수 없어. 우리 몸에서 머리가 사라지면 뇌도 같이 사라지거든. 뇌가 떨어져 나가면 우리는 더 이상 움직일 수 없어.

머리를 자르면 사람을 단박에 죽일 수 있어. 그래서 프랑스에서는 1791년에 오직 단두대로 사형해야 한다는 법을 만들었어. 목을 베는 방식이 아주 효율적이라고 생각했거든. 또 사형수가 고통을 최소한으로 느끼기 때문에 덜 잔인하다고 여겼어. 보통은 단두대를 광장에 설치해 사형하는 걸 사람들이 구경했지. 목이 잘린 사람의 시체가 광장을 뛰어다녔다면 분명히 다른 방법으로 사형을 집행했을 거야.

달리기 시합 중인 사람이 경기 중간에 목이 잘린다면 계속 움직이려는 힘 때문에 몸이 앞으로 약간 더 나아갔다가 쓰러질 수는 있어. 하지만 절대 결승선까지 뛰어가지는 못할걸.

2번, 3번, 4번, 29번 질문도 같이 읽어 봐.

그렇다면……
목이 잘린 머리가 얼굴을 찡그리거나 말을 한다는 끔찍하고 흥미진진한 이야기는 사실일까? 머리가 잘리면 산소가 뇌로 갈 수 없고, 산소가 없으면 뇌는 활동할 수 없어. 머리가 잘린 이후 뇌에 피나 산소가 남아 있더라도 순식간에 사라져. 눈이나 입이 움직일 수도 있지만 스스로 움직이는 게 아니고 경련하는 거야.

37. 죽고 싶지 않다고 누군가에게 애원할 수 있어요?

두니아

두니아에게

　죽고 싶지 않다고 누군가에게 애원해도 소용없어. 삶과 죽음은 한 사람이 결정하지 않거든. 물론 애원해야 할 때도 있지. 누가 너에게 총을 겨누고 있거나 죽을 수도 있는 아주 위험한 수술을 앞두고 있다면 제발 살려 달라고 간절히 빌 거야.

　신을 믿는다면 신에게 기도할 테고, 믿지 않는다면 큰 소리로 말하겠지. "제발 죽지 않게 해 주세요."

　하지만 이런 경우라도 영원히 죽지 않기를 바라는 건 아니야. 당장 그 순간에 죽지 않기를 바라는 거지.

　영원히 늙지도 죽지도 않게 해 달라고 할 수 있을까? 그러고 싶은 사람은 두니아뿐만이 아닐 거야. 영원한 삶은 우리의 가장 오래된 소원이거든. 사람들은 마법의 물약부터 젊음의 샘까지 불로불사의 비밀이 어딘가에 숨어 있다고 믿었어. 하지만 찾아낸 사람이 있다는 말은 못 들었지.

　영원히 살 수 있게 몸을 얼리면 어떨까? 맞아, '인체 냉동 보존'이라는 기술이 정말 있어. 시체를 얼리고 액체 질소에 담가서 낮은 온도로 보관하는 기술이야. 미래에 과학 기술이 충분히 발전해서 죽은 사람을 되살리고 치료할 수 있을 때까지 기다리는 거지. 21세기에 살았던 사람이 25세기에 다시 살아난다고 상상해 봐.

잊지 마!
영원히 또는 수백 년 동안 기억된다면 영원히 사는 것과 마찬가지일지도 몰라. 오늘날에도 사랑받는 19세기 시인이나 우리가 가장 좋아하는 건물을 지은 건축가, 가족 모임에서 노래하고 웃던 증조할머니처럼 말이야. 살아서 움직이지는 않지만 우리의 마음속에 여전히 살아 있는 것 아니겠어?

하지만 과학자들은 현재의 기술로는 냉동된 뇌를 온전하게 깨우는 건 불가능하다고 말해. 몸을 얼린다고 해서 아무런 손상 없이 몸을 보존할 수도 없고, 아주 온도가 낮은 액체 질소에 오랫동안 잠겨 있던 몸을 되살릴 수 있다는 증거도 없대. 그런데도 전 세계에 500명 정도나 냉동 상태로 잠들어 있고, 죽고 나면 시체를 얼려 달라고 요청한 사람도 4,000명이나 돼. 죽은 사람을 되살릴 수 있는 미래를 믿고 있는 거지.

컴퓨터를 이용할 수는 없을까? 뇌의 정보를 컴퓨터 같은 디지털 장치에 옮기는 거야. 그러면 몸이 죽더라도 걱정할 필요가 없어. 정신이 영원히 살아 있을 테니까.

그런데 중요한 질문 두 가지가 있어. 디지털 장치로 옮긴 정보가 정말 '나의 정신'일까? 내 정신을 복제한다면 그건 정말 '나'일까, 아니면 '나를 닮은 디지털 복제품'일까?

사람들은 영원히 살고 싶어서 이런저런 방법을 찾았지만 아무것도 효과가 없었어. 그래서 현대 과학은 영원한 삶이 아니라 천천히 늙으며 오래도록 건강하게 사는 방법을 연구해. 건강하게 오래 살 수 있다면 의사에게 제발 살려 달라고 부탁해도 괜찮을 거야.

1번, 8번, 9번 질문도 같이 읽어 봐.

38. 왜 '즐겁게 쉬세요'가 아니라 '편히 쉬세요'라고 말하나요?

루시아

루시아에게

　루시아의 질문을 보니 죽은 사람들이 쉬지 않고 파티를 즐기는 모습이 떠올랐어. 죽은 사람들은 무엇을 할까? 죽은 사람들만 있는 파티에 간다면 뭘 할래?
　죽은 뒤에 편안하게 쉬면서 영원히 사는 걸 상상해 봐. 어떤 모습이 떠올라? 지루하지는 않을까?
　왜 우리는 '편히 쉬세요'라고 말할까? 외국 무덤에는 'R.I.P.'라고 쓰인 묘비가 많아. 라틴어 'Requiescat In Pace'의 줄임말인데 '편히 쉬세요'라는 뜻이지. 'R.I.P.'는 8세기 크리스트교 장례식에서 쓰이기 시작했어. 그땐 평범한 사람들도 라틴어를 사용했거든. 18세기부터는 유럽 전역에서 이 표현이 묘비에 자주 새겨졌어. 크리스트교는 영혼이 존재하며 죽음이 끝이 아니고 천국에서 영원히 산다고 믿어. 그래서 죽은 사람의 영혼이 고통받지 않고 천국에서 편안하기를 바라며 이렇게 말하지.

편히 쉬지 못하는 영혼도 있을까? 고통받는 영혼이나 천국에 가지 못하고 떠도는 영혼이 바로 유령이야. 무거운 죄를 지어서 편하게 쉴 수 없는 거지. 그러니까 '편히 쉬세요'라는 말은 '유령이 되면 안 돼요'라는 뜻이기도 해.

이 말은 종교와 상관없이 오늘날에도 널리 쓰여. 특히 장례식에서 자주 쓰이지. 진지하고 점잖은 느낌이라서 죽음을 엄숙하게 받아들이는 문화와 잘 어울리거든. 하지만 사랑하는 사람들이 즐겁게 쉰다고 생각해도 좋지 않을까? '편히 쉬세요' 대신 '즐겁게 쉬세요'라고 말해 보는 거야.

추신. 책을 마무리하기에 좋은 질문이었어!

《묻고 싶어 죽겠어요》는
쿵쿵
아이디어를 떠올리고
쿵쿵
글을 쓰고
쿵쿵
그림을 그리고
쿵쿵
책을 디자인하고
쿵쿵
글과 그림을 배치하고
쿵쿵
편집하고
쿵쿵
수정하고
쿵쿵
인쇄해서
쿵쿵
전 세계에서
쿵쿵
판매했어
쿵쿵
전부 살아 있는 사람이 한 일이야.
읽어 봤어?
쿵쿵

이 책에 소개된 작품들

책

《해리 포터》 시리즈, J.K. 롤링
1997년 영국에서 출간되어 전 세계적으로 사랑받은 판타지 소설 시리즈야.
소설을 원작으로 한 영화도 아주 인기가 많아.

《내 이름은 삐삐 롱스타킹》, 아스트리드 린드그렌
1945년 스웨덴에서 출간된 동화책이야. TV 시리즈, 영화, 연극, 뮤지컬 등으로도 만들어졌어.

《내가 함께 있을게》, 볼프 에를브루흐
죽음을 다룬 그림책이야. 한국에서도 2007년에 출간되었어.

《서유기》, 오승은
당 때 지어진 중국의 고전 소설이야.

《신데렐라》
서양의 전래 동화야.

《잠자는 숲속의 공주》
그림형제가 쓴 서양의 고전 동화야.

《백설공주》
민담을 바탕으로 그림형제가 쓴 서양의 고전 동화야.

영화

〈레모니 스니켓의 위험한 대결〉
레모니 스니켓의 소설 《위험한 대결》이 원작인 영화야.

〈내게 백만 달러가 있다면(If I Had a Million)〉
에른스트 루비치 감독이 1932년에 만든 영화야. 한국에는 정식으로 개봉하지 않았어.

묻고 싶어 죽겠어요 어른들에게 묻지 못한 삶과 죽음에 관한 38가지 질문

지음 에옌 두티에, 아나 후안 칸타베야 | 그림 안드레아 안티노리 | 옮김 성소희
찍은날 2025년 5월 20일 초판 1쇄 펴낸날 2025년 5월 30일 초판 1쇄
펴낸이 신광수 | 출판사업본부장 강윤구 | 출판개발실장 위귀영
아동인문파트 김희선, 설예지, 이현지 | 출판디자인팀 최진아 | 디자인 진행 이아진 | 출판기획팀 정승재, 김마이, 이아람, 전지현
출판사업팀 이용복, 민현기, 우광일, 김선영, 이강원, 신지애, 허성배, 정유, 정슬기, 정재욱, 박세화, 김종민, 정영묵
출판지원파트 이형배, 이주연, 이우성, 전효정, 장현우
펴낸곳 (주)미래엔 | 등록 1950년 11월 1일 제16-67호 | 주소 서울특별시 서초구 신반포로 321
전화 미래엔 고객센터 1800-8890 팩스 541-8243 | 홈페이지 주소 www.mirae-n.com
ISBN 979-11-7347-601-3 74190
　　　979-11-6413-909-5 (세트)

© 에옌 두티에, 아나 후안 칸타베야, 안드레아 안티노리 2025

책값은 뒤표지에 있습니다.
파본은 구입처에서 교환해 드리며, 관련 법령에 따라 환불해 드립니다. 다만, 제품 훼손 시 환불이 불가능합니다.

KC마크는 이 제품이 공통안전기준에 적합하였음을 의미합니다.
사용연령: 8세 이상

죽음은 꿈이 끝없이 이어지는 건가요? (페르난도) · 죽으면 죽을 때 입었던 옷을 벗을 수 있어요? (헤이드니) · 죽으면 영원히 끝나지 않는 삶이 있나요? (가엘) · 우리는 죽으면 유령이 되나요? (안드레아) · 마스크를 쓰면 죽을 수 있어요? (익명) · 죽음은 꿈이 끝없이 이어지는 건가요? (페르난도) · 죽으면 죽을 때 입었던 옷을 벗을 수 있어요? (헤이드니) · 죽으면 영원히 끝나지 않는 삶이 있나요? (가엘) · 우리는 죽으면 유령이 되나요? (안드레아) · 마스크를 쓰면 죽을 수 있어요? (익명) · 고양이는 어떻게 죽어요? (헤이드니) · 영혼은 어떻게 천국에 가요? (엑토르) · **죽음은 어떤 모습이에요? (아만다)** · 죽음이라는 게 왜 있을까요? (제이컵) · 죽어서 묻히기 전에 다른 사람들이 내 물건을 훔칠 수 있을까요? (익명) · 폐소공포증이 있으면 어떻게 관 안에서 버티죠? (플로리) · 우리가 죽을 때 온몸이 갑자기 죽나요? (익명) · **죽고 나면 어떻게 되나요? (우고, 에스텔라, 마누, 우마)** · 죽고 나서 다시 살아나고 싶어요? (파멜라) · 다시 태어날 수 있어요? 아니면 그냥 저세상으로 가나요? (브라이언) · 죽고 나서도 몸에 피가 흐르나요? (익명) · 천국에도 생일이 있어요? (익명) · 죽음은 진짜인가요? (마리아나) · 죽고 나서도 기억할 수 있어요? (시라) · 왜 어떤 사람에게는 다른 사람보다 죽음이 더 빨리 찾아오나요? (네레아) · 죽고 나서 먼저 죽은 친척을 다시 만나나요? (우나이) · 우리 영혼은 어떻게 될까요? (엘로이) · **동물이 많이 아프면 주사를 놓아서 죽이기도 하는데 왜 사람한테는 그렇게 하지 않나요? (마르크)** · 피자를 먹다가 숨이 막혀서 죽으면 피자는 어떻게 되나요? 계속 몸 안에 있어요? (익명) · 우리는 왜 죽어요? (앙헬) · 죽으면 심장이 멈춰요? (다샤) · **왜 어떤 사람들은 죽으면 다른 사람에게 장기를 주나요? (나탈리)** · 죽으면 천국에 가요, 지옥에 가요? 아니면 무덤에 그냥 남나요? (익명) · 죽음 이후에도 삶이 있을까요? (마리아마, 우마) · 꿈꿀 때는 살아 있는 거예요, 죽은 거예요? (미하엘) · 죽으면 터널 끝에 빛이 있는 장면을 볼 수 있어요? (이슬람) · 왜 우리는 누군가 죽으면 울까요? (마르크) · 죽으면 신을 만날 수 있어요? (마리아마) · **왜 죽은 사람을 땅에 묻어요? (앙헬)** · 죽어서도 춤출 수 있어요? (익명) · 죽고 나서도 계속 자라요? (아리바) · 죽고 나서도 생일을 축하하나요? (라켈) · 사람이 죽으면 벌레가 몸을 먹어요? (에마누엘) · 죽을 때 감정을 느끼나요? (나탈리) · 우리는 죽고 나서도 기억할까요? (마르크) · 죽으면 다시 태어나나요? (소라) · 죽는다는 건 어떤 느낌일까요? (익명) · 죽기 전에 뭘 하고 싶어요? (페르난다, 알레한드로) · 누군가 죽는 모습을 보면 우리 모두 똑같이 반응할까요? (네레아) · **독을 먹고 죽으면 어떤 느낌인가요? (페르난도)** · 영혼이 정말 있다면 옷을 입고 다니나요? (페르난다) · 죽으면 우리 영혼은 천국으로 가나요? 아니면 우리가 죽은 곳에 잠시 머무르나요? (가디엘) · 유령은 눈에 안 보이나요? 어디엔가 유령을 보관할 수 있어요? (다니엘) · 사람은 몇 살까지 살 수 있어요? (익명) · 왜 죽은 사람한테서 고약한 냄새가 나요? (메일린) · 죽으면 고통스럽나요? (마르크) · 해골은 얼마나 오래가요? (가엘) · 왜 죽으면 계속 눈을 뜨고 있어요? (미셸) · 죽으면 예전에 입었던 옷은 어떻게 해요? (이스마엘) · **왜 인도와 파키스탄에서는 죽은 사람에게 흰옷을 입히나요? (아피야)** · 죽으면 다시 태어나서 어린이가 되나요? (가디엘) · 우리가 나쁜 짓을 하면 죽고 나서 지옥으로 보내 불에 태우나요? (베로니카) · 죽으면 머리카락은 어떻게 되나요? (이스마엘) · 뱀파이어한테 묻고 싶어요. 죽으면 뭘 하고 싶나요? (마리아 세실리아) · 죽은 사람들끼리 어울려서 놀까요? (다니엘) · 만약 죽어서 천국에 갔다면 어떻게 동시에 무덤에도 있을 수 있어요? (익명) · **왜 '즐겁게 쉬세요'가 아니라 '편히 쉬세요'라고 말하나**

요? (루시아) · 죽음은 시작일까요, 끝일까요? (나고레) · 죽은 사람도 잠을 자나요? (가디엘) · 천국에도 이런 세상이 있어요? 그 세상에는 영혼들이 살아요? (엑토르) · 우리가 죽으면 몸속의 피는 어디로 가요? (미셀) · 죽은 사람을 어차피 땅에 묻을 텐데 왜 예쁘게 꾸며요? (아서) · 크리스트교가 아니면 지옥에 가나요? (익명) · **왜 죽은 사람을 못 보게 하나요? (페르난다)** · 누군가와 함께 죽는 것과 혼자 죽는 것 중에서 뭐가 더 좋아요? (마리나) · 죽은 사람은 손으로 꽃을 들 수도 없는데 왜 꽃을 주나요? (메일린) · 우리는 살아가고 있는 건가요, 천천히 죽어 가는 건가요? (우싱가) · 죽어도 영혼은 계속 살아 있어요? (율리아나) · 죽으면 아픈가요? (지아) · 영원히 죽지 않는 사람이라도 창밖으로 뛰어내리면 다치나요? (익명) · 시신이 다 썩기까지 얼마나 걸려요? (미카엘라) · **죽음은 무서운가요? (크리스티안, 레이레)** · 죽으면 우리 영혼은 어디로 가나요? (미카엘라) · 시신을 태워서 화장해도 우리 영혼은 살아 있나요? (마일리) · 산 채로 묻히면 어떻게 되나요? (파울라) · 죽으면 어떤 기분이 들어요? (이잔) · 해골한테 묻고 싶어요. 살이나 피부가 없으면 어떤 느낌인가요? (플로리) · 죽으면 신이 되나요? (익명) · 죽으면 어떤 기분이 들어요? (나빌) · 우주에서 시신이 분해되는 데 얼마나 걸리나요? (누리아) · 죽으면 우리는 어디로 가나요? (마르코) · 죽고 나서도 밥을 먹나요? (익명) · 언제 죽을지 알 수 있는 타임머신은 언제쯤 발명될까요? (유마) · 죽으면 무섭나요? (마리아) · **언젠가 죽는다면 삶에 무슨 의미가 있나요? (루스 마리)** · 누가 죽으면 왜 장례식을 치러요? (지아) · 나는 유령이 될 수 있을까요? (요한) · 사람은 유령이 될 수 있나요? (익명) · 죽고 나서도 움직일 수 있어요? (헤이드니) · 살아 있을 때 한 행동이 죽은 후에도 영향을 미칠까요? (마르코스) · **죽음보다 더 나쁜 운명이 있나요? (알리, 가엘)** · 죽고 나서도 부모님과 형제, 자매, 친구들을 기억할 수 있어요? (시안) · 죽은 사람한테도 심장과 뇌가 있나요? (두니아) · 죽으면 어디가 아플까요? (시프딘) · 죽으면 다른 사람의 몸으로 살았다는 사실을 모른 채 갓난아기의 몸으로 다시 태어나나요? (엘마) · 누군가를 묻으면 슬픈가요? (훌리아) · 죽기 전에 어떤 기분이 들어요? (에마) · 죽으면 눈을 뜨고 예수님과 대화할 수 있어요? (익명) · 죽으면 무덤에서 나올 수 있어요? (아벨) · **죽으면 우리 몸은 어떻게 되나요? (나초)** · 죽으면 다른 몸으로 다시 태어나나요? (아나) · 어떻게 하면 해골로 변해요? (이반) · 죽으면 유령이 되나요? (발렌티나) · 어떻게 유령이 되죠? (훌렌) · 죽어도 머리카락이 있어요? (카를라) · 죽어도 살아 있는 사람을 보고 들을 수 있어요? (페르난도) · 죽고 나서 뱀파이어가 내 피를 빨면 괴로울까요? (세사르) · 바보 같은 표정으로 죽으면 영원히 그 표정으로 남나요? (익명) · 살아 있는 게 나아요, 죽은 게 나아요? (소피아) · 죽으면 우리 몸과 영혼은 어떻게 되나요? (라라) · 죽으면 어떤 느낌이에요? (미카엘라) · 어떻게 사람을 무덤에 넣을 수 있어요? (아처) · 죽으면 영혼이 화를 내며 나오나요? (클라우디아) · **잠자는 동안 내가 죽었는지 아닌지 어떻게 아나요? (시안, 미하엘)** · 죽어도 꿈을 꾸나요? (발렌티나) · 너무 사랑하는 사람들은 죽어서도 계속 내 곁에 있나요? (익명) · **죽음은 불행한 일인가요? (요한)** · 왜 우리는 반드시 죽을까요? (루카) · 우리가 죽으면 몸만 죽고 영혼은 죽지 않나요? (라라) · 할아버지는 봉안당 안에서 뭘 할까요? (안) · 죽음이 다가오고 있다는 걸 알면 무슨 생각이 드나요? (마리나) · 죽고 나서도 꿈을 꿀 수 있어요? (레이레) · 우리는 얼마나 오래 살 수 있어요? (마일리) · 죽으면 지금 세상과 비슷한 세상으로 가나요 (나고레) · 죽으면 다른 삶을 그리워할까요? (마리아) · 천국에는 몇 명이나 있어요? (익명) · 죽으면 유령이 될지 다시 태어날지 선택할 수 있어요? 아니면 그냥 저절로 정해지나요? (앨런) · 정말 죽고 나서 다시 태어날 수 있어요? (아브릴) · 유령도 다시 죽을 수 있어요? (아이타나) · **죽고 싶지 않다고 누군가에게 애원할 수 있어요? (두니아)** · 우리는 죽기 위해서 살고 있나요? (율리아나) · 인생은 비디오 게임이고 죽음은 클릭해서 넘어가는 다음 화면인가요? (에두르네) · 왜 검은색은 죽음과 관련되나요? (우고) · 죽으면 우리 생각은 어디로 가나요? (블랑카) · 죽음은 나쁜가요? (아브릴) · 천국과 지옥에 가는 사람은 각각 어떤 사람인가요? (마리오) · 미워하는 마음 때문에 죽을 수 있어요? (올모) · 누군가 죽고 나서 무슨 일이 벌어지는지 안다면 어떻게 될까요? 이런 걸 아는 사람들은 어디로 가고 무슨 일이 벌어지나요? (이케르) · 천국에서 친구를 사귈 수 있어요? (익명) · **죽으면 어디로 가나요? (마누엘라)** · 아무도 안 죽으면 어떻게 될까요? (레이레) · 벌레한테 먹히면 아픈가요? (플로리) · 누가 죽으면 축하해야 해요, 울어야 해요? (이잠) · 사람을 되살려낼 수 있어요? (디에고) · 유령은 다른 유령을 볼 수 있어요? (이스마엘) · 죽고 나서 다른 식으로 살아간다면 전생을 기억할까요? (엘마) · 죽을 때 고통을 느끼나요? (앨런) · 죽으면 가족을 다시 볼 기회가 있을까요? (에마) · 삶의 의미는 무엇일까요? (히메나) · 오랫동안 살면 피곤한가요? (유마) · 죽은 사람은 어떻게 밥을 먹어요? (이레네) · 죽으면 자기가 죽었다는 걸 아나요? (아나) · 죽는 데 시간이 얼마나 걸리나요? (텔마) · **왜 사람들은 죽음에 관해 이야기하는 걸 불편해하나요? (마이클)** · 죽을 때 어떤 느낌인가요? (나고레) · 죽고 나서도 자랄 수 있어요? (마르코) · 죽을 만한 다른 이유가 없다면 나이가 아주 많다는 이유로 죽을 수도 있나요? (익명) · 땅에 묻히고 싶나요? (파울라) · 죽으면 다시 태어나나요? (우싱가) · 자기가 죽었다는 걸 어떻게 알죠? (하이로) · 죽는 동안이나 죽기 전에 뭔가 알아차리나요? (이레네) · 우리가 모두 죽으면 그다음은 어떻게 되나요? (갈라) · 죽음 이후에도 뭔가 있나요? (발렌티나) · 뱀파이어도 죽을 수 있어요? (히메나) · 죽고 나서 내가 어떻게 살았는지 기억하나요? (아이타나) · 나쁜 짓을 하면 정말로 지옥에 가요? (익명) · 죽는 건 좋은 일인가요? (호르헤) · 죽으면 아픈가요? (라우라) · 죽음은 영원한가요? (에스더) · **왜 자살하나요? (라우라, 아리아드나)** · 죽음은 필요한가요? (하이로) · 우리는 왜 죽으면 분해되나요? (텔마) · 살과 피부가 없으면 어떤 느낌일까요? (이잠) · 죽으면 자유로운가요? (엘마) · 언젠가 죽은 사람을 다시 볼 수 있을까요? (에스더) · 죽으면 영원히 사라지나요? (드라고) · **목을 자르면 몸이 머리 없이 뛴다는 게 정말인가요? (미셀)** · 죽을 것이라는 사실을 안다면 삶을 바꾸고 싶나요? (익명) · 사람은 왜 죽어야 하나요? 다른 사람들을 위한 공간을 마련하기 위해서인가요? (아리아드나) · 신이 있다면 신도 죽나요? (갈라) · 지옥이나 천국은 어떤 곳인가요? (에마) · 죽을 때 빛을 보면 다시 태어난다는 뜻인가요? 태어나서 처음 보는 빛이랑 같은 거예요? (이레네) · 죽는다면 어떤 생각이 드나요? (익명) · 영혼은 지난번 삶을 기억하지 못하나요? (루카) · 우리는 왜 죽음을 두려워할까요? (라라) · 짧지만 보람 있는 삶과 행복하지 않지만 오래 산 삶 중에 무엇이 더 좋나요? (요한) · 신이 있나요? (이케르) · 죽음은 어디론가 나가는 문인가요? (마리나) · 죽은 사람이 우리를 찾아올 수 있어요? (에스더) · **죽는 날짜가 어딘가에 적혀 있나요? (루카스)** · 죽은 사람들의 세계에 가면 장난감을 가질 수 있을까요? (소피아 엘리아나)